高等教育教学研究丛书

高校思想政治理论课教学方法研究

路召飞 著

·郑州·

图书在版编目(CIP)数据

高校思想政治理论课教学方法研究 / 路召飞著. -- 郑州 : 河南大学出版社, 2025.4. -- ISBN 978-7-5649-6287-6

Ⅰ. G641

中国国家版本馆 CIP 数据核字第 2025UC4656 号

高校思想政治理论课教学方法研究
GAOXIAO SIXIANG ZHENGZHI LILUN KE JIAOXUE FANGFA YANJIU

责任编辑	林方丽　韩　璐
责任校对	孙增科
封面设计	张田田

出版发行	河南大学出版社
	地址:郑州市郑东新区商务外环中华大厦 2401 号　邮编:450046
	电话:0371-86059715(高等教育与职业教育出版中心)
	0371-86059701(营销部)
	网址:hupress.henu.edu.cn
印　刷	郑州尚品数码快印有限公司
版　次	2025 年 4 月第 1 版	印　次	2025 年 4 月第 1 次印刷
开　本	787 mm×1092 mm　1/16	印　张	5.75
字　数	91 千字	定　价	45.00 元

(本书如有印装质量问题,请与河南大学出版社营销部联系调换。)

前　言

在当今时代,高校思想政治理论课作为立德树人的关键课程,其重要性日益凸显。它不仅承载着传播马克思主义理论、培育社会主义核心价值观的重任,还是引导学生树立正确世界观、人生观、价值观的重要途径。随着社会的快速发展和青年学生思想观念的多元化,如何创新高校思想政治理论课的教学方法,提高教学实效性和吸引力,成为教育领域亟待解决的重要课题。

近年来,高校思想政治理论课建设取得了显著进展。从教学内容的优化到教学方法的创新,从师资队伍的加强到教学设计的改进,各方面都取得了积极成果。特别是随着信息技术的飞速发展,线上教学与线下教学相结合的混合教学模式逐渐成为主流,为高校思想政治理论课的教学提供了新的思路和方式。然而,尽管取得了这些成绩,我们仍需清醒地认识到,高校思想政治理论课的教学方法仍面临诸多挑战。如何进一步激发学生的学习兴趣,提高教学互动性和实效性,仍是当前和未来一段时间内需要不断探索和实践的重要方向。

本书从高校思想政治理论课概述入手,阐述了高校思想政治理论课之讨论式教学法、高校思想政治理论课之互动式教学法、高校思想政治理论课之混合式教学法。希望通过本书的介绍,能够为读者提供高校思想政治理论课教学方法研究方面的帮助。

本书主要汇集了笔者在工作、实践中取得的一些研究成果。在撰写过程中,笔者参阅了相关文献资料,在此,谨向其作者深表感谢。

由于笔者水平有限,加之时间仓促,书中难免存在一些不足之处,敬请广大读者批评指正。

路召飞

2025 年 2 月

目 录

第一章 高校思想政治理论课概述 ·· 1
- 第一节 思想政治理论课的概念、特点与学科属性 ················· 1
- 第二节 思想政治理论课的教学目标 ··································· 7
- 第三节 思想政治理论课的教学理论基础 ···························· 14

第二章 高校思想政治理论课之讨论式教学法 ······················· 22
- 第一节 讨论式教学法的特点与类型 ·································· 22
- 第二节 讨论式教学法的设计与实施 ·································· 26
- 第三节 讨论式教学法的应用技巧 ····································· 32
- 第四节 讨论式教学法在思政理论课教学中的应用 ··············· 38

第三章 高校思想政治理论课之互动式教学法 ······················· 44
- 第一节 互动式教学法的特点与类型 ·································· 44
- 第二节 互动式教学法的设计与实施 ·································· 48
- 第三节 互动式教学法在思政理论课教学中的应用 ··············· 56

第四章 高校思想政治理论课之混合式教学法 ······················· 65
- 第一节 混合式教学法的理念、特点与优势 ························ 65
- 第二节 混合式教学法的设计原则与策略 ···························· 70
- 第三节 混合式教学法在思政理论课教学中的应用 ··············· 78

参考文献 ··· 86

第一章　高校思想政治理论课概述

第一节　思想政治理论课的概念、特点与学科属性

一、思想政治理论课的概念

(一)内涵

思想政治理论课的内涵是复杂而丰富的,它涵盖思想政治教育的基本内容、理论基础、实践要求等方面。

从基本内容上看,思想政治理论课主要包括中国特色社会主义理论体系、中国近现代史纲要、思想道德修养与法律基础、形势与政策等课程。这些课程涵盖政治经济学、科学社会主义、中国革命史、思想道德、法律知识等领域,构成了完整的知识结构。

从理论基础层面来看,思想政治理论课以马克思主义为根本指导思想。马克思主义的科学世界观和方法论为课程提供了坚实的理论基石,其中辩证唯物主义和历史唯物主义作为认识世界和改造世界的强大思想武器,帮助学生掌握正确的思维方式和研究方法,使其能够透过现象看本质,以科学的态度分析社会现象和问题。

从实践要求上看,思想政治理论课担负着对大学生进行系统的思想政治教育和价值观塑造的重任。它不仅要向学生传授科学的世界观、人生观和价值观,培养学生运用科学的立场、观点和方法分析问题、解决问题的能力,还要引导学生将所学理论内化为信念、外化为行动,成为德智体美劳全面发展的社会主义建设者和接班人。

(二) 外延

思想政治理论课的外延体现在其涵盖了课外实践、社会实践等多种形式。通过丰富多样的第二课堂活动，思政课能够将理论知识与现实生活紧密结合，引导学生在实践中加深对思想政治理论的理解。例如，组织学生参观革命纪念馆、烈士陵园等红色教育基地，开展社会调查、志愿服务等实践活动，都能够帮助学生将所学知识内化为坚定的理想信念和正确的价值取向。这些生动鲜活的实践体验，不仅能够激发学生的学习兴趣，还能够促进其全面发展，提升其道德修养和人格品质。

思想政治理论课的外延还体现在其与其他学科的交叉融合上。作为一门综合性、交叉性很强的学科，思政课需要吸收政治学、经济学、法学、历史学、社会学、心理学等多学科的研究成果，形成多维度、立体化的知识结构。只有打破学科壁垒，加强跨学科交流与合作，才能真正实现思政课的育人功能，帮助学生形成科学的世界观、人生观和价值观。思政课还应注重与学生专业课程的衔接，将思想政治教育基本原理与专业知识有机结合，引导学生运用科学的立场、观点和方法分析和解决实际问题。

二、思想政治理论课的特点

(一) 理论性

思想政治理论课蕴含着鲜明的理论属性，这是由其学科定位和内在逻辑决定的。作为一门以思想政治理论为指导，以培养学生正确世界观、人生观、价值观为宗旨的综合性课程，思政课必须系统传授思想政治教育基本原理，引导学生运用科学的立场、观点和方法分析和解决实际问题。

思政课的理论性体现在其课程内容上。思政课是全面阐述思想政治教育基本原理的主阵地，其核心教学内容包括哲学、政治经济学、科学社会主义等，涵盖了辩证唯物主义和历史唯物主义、剩余价值学说、社会主义本质等一系列重大理论问题。这些内容高度抽象、逻辑严密,体现了科学理论体系的深刻内涵和精髓要义。教师必须以高度的政治责任感和使命感,精研教材,充分备课,深入阐释这些理论的丰富内涵,揭示其内在逻辑,帮助学生夯实理论基础。

思政课理论教学应与社会实践紧密结合。教师要善于运用生动鲜活的案例,将理论阐释与现实分析有机统一,引导学生透过纷繁复杂的社会现象把握本质规律。例如,在阐释共同富裕理念时,教师可以联系乡村全面振兴、区域协调发展等国家战略,引导学生思考如何在发展中促进社会公平正义。只有将理论学习同现实观察、亲身体验相结合,学生才能真正领悟理论的精髓要义,提升运用理论分析问题、解决问题的能力。

除了课堂教学,思政课理论性的培养还应延伸到课外。思政课教师要充分利用第二课堂,开展丰富多彩的理论学习实践活动。例如,组织学生参观革命纪念馆、烈士陵园等红色教育基地,开展重走长征路等体验式学习,引导学生在参观体验中感悟革命先辈的崇高精神;举办理论学习报告会、研讨会,邀请专家学者举办专题讲座,拓宽学生理论视野。

(二) 实践性

高校思想政治理论课是一项系统工程,需要在课堂教学、社会实践、校园文化等层面协同发力。其中,社会实践是培养大学生理论联系实际能力,增强实践育人实效性的关键环节。通过走出校园、深入社会,学生能够在亲身体验中加深对理论知识的理解,在服务社会的过程中坚定理想信念,在观察现实的过程中提高分析问题、解决问题的能力。

实践性要求高校创新社会实践活动的内容设计,增强实践育人的吸引力和有效性。在设计实践活动时,教师要紧密结合思政课的教学内容,围绕学生的专业特点、学习需求和发展目标,精心设计切实可行的实践项目。这些项目应具有思想性、针对性和挑战性,能够引导学生运用科学的立场、观点和方法分析现实问题,提升运用理论指导实践的能力。同时,应鼓励学生结合自身特长和兴趣,积极参与志愿服务、社会调查、公益活动等,在服务社会的过程中加深对社会主义核心价值观的认同。

实践性还要求高校进一步规范社会实践活动的组织实施步骤,强化过程管理和结果运用:要建立健全社会实践的规章制度,明确活动的时间、场所、内容、考核等要求,为实践教学提供制度保障;要加强对指导教师的培养和管理,组建一支熟悉思政教育、热爱学生工作的高素质指导教师队伍;要改进实践考核评价方式,突出对学生实践能力和创新精神的培养,强化实践成果的转化运用。此外,还可以通过举办成果展示、经验交流等活动,营造浓厚的实践育人氛围。

(三) 思辨性

思辨性是思想政治理论课的重要特点,它体现了思想政治理论的本质要求。它要求人们从实际出发,解放思想,实事求是,与时俱进。这就决定了思想政治理论课教学必须突出思辨色彩,引导学生运用科学的立场、观点和方法去分析问题、解决问题。

思辨性要求教师在教学中注重对比鲜明的观点,引导学生多角度、全方位地思考。面对错综复杂的社会现实,单一的观点很难客观全面地认识事物的本质。只有进行多维思考,才能透过现象看本质,实现对事物发展规律的准确把握。

思辨性还要求教师善于设置富有挑战性的问题情境,激发学生的批判性思维。培养学生的批判精神,是思想政治理论课的重要任务。教师要善于提出具有争议的话题,鼓励学生发表自己的观点,勇于质疑权威。同时,教师要引导学生秉持科学的态度,以理服人,摒弃非理性的情绪化批判。

思辨性还体现在教学方法的创新上。传统的灌输式教学很难调动学生的思维,容易导致学生产生抵触情绪。教师要改变单向度的说教模式,注重师生之间、生生之间的平等对话,营造民主、开放的课堂氛围。要多采用研讨式、参与式的教学方式,让学生在主动探究中实现对知识的内化吸收。

三、思想政治理论课的学科属性

(一) 综合性

从知识架构来看,思政课内容体系错综复杂,涉及哲学、政治学、法学、历史学、伦理学等学科领域。这些学科之间既相对独立,又相互交融渗透,形成了有机统一的整体。例如,在学习中国特色社会主义理论体系时,既要了解社会主义初级阶段的基本国情,又要认识中国共产党领导的多党合作和政治协商制度。思政课知识点之间环环相扣,相互依存,只有通过综合分析和多角度考量,才能揭示其内在规律和本质特征。

从教学方法来看,思政课综合运用了讲授法、讨论法、案例分析法、体验式教学法等多种教学手段。在课堂教学中,教师不仅要进行系统的理论讲解,阐明基本概念、原理和方法,还要组织学生开展主题讨论、分组辩论等互动活动,引导其积极思考,勇于发表自己的观点。教师还应创设贴近学生生活实际的情境,通过社会调研、志愿服务、专题实践等方式,帮助学生将所学知识内化为自身修养,外化为实际行动。

从目标指向来看,思政课肩负着坚定理想信念、厚植爱国主义情怀、加强品德修养、增长知识见识、培养奋斗精神、增强综合素质等多重育人任务。这就要求思政课教学必须立足学生全面发展需要,统筹兼顾知识传授、能力培养和价值塑造,努力实现认知、情感、意志、行为的高度统一。例如,在讲授社会主义核心价值观时,教师不仅要阐释其基本内涵,引导学生正确认识富强、民主、文明、和谐等价值理念,还要帮助学生将这些价值追求内化为信念和行动,自觉培育和践行社会主义核心价值观。

(二)人文性

思想政治理论课的人文性主要体现在以下三个方面。

1. 思政课的教学内容

中国特色社会主义理论体系、思想道德修养等课程,都涉及人的本质、人生价值、社会理想等根本问题,体现了对人的终极关怀。这些内容不仅阐释了人与自然、人与社会、人与自身的关系,也揭示了人的全面发展规律,为学生树立正确的世界观、人生观、价值观提供了理论指引。通过思政课的学习,学生能够深刻领会中华优秀传统文化的精髓,感悟革命文化、社会主义先进文化的力量,从而获得人生智慧,丰富精神世界。

2.思政课的教学过程

不同于自然科学注重客观性、中立性,思政课教学必然会融入教师的价值判断和情感态度。教师在阐释理论观点、分析社会现象时,往往会表达自己的立场和看法。这种潜移默化的影响,更容易引发学生的情感共鸣,唤起其道德思考。思政课教学也是师生之间平等交流、积极互动的过程。学生在课堂上畅所欲言,表达自己的观点,教师则以开放、包容的姿态倾听、引导,师生在交流碰撞中达成共识,传递价值。这种人文交流不仅有助于厚植师生之间的情感,也能为学生的全面发展营造良好氛围。

3.思政课的育人目标

思政课不仅要帮助学生掌握系统的理论知识,还要引导其将所学知识内化于心、外化于行。这就要求教师关注学生在情感、态度、价值观等方面的变化,引导其树立远大理想,培育高尚情操,锤炼意志品质。无论是组织主题活动、开展社会实践,还是搭建成长平台、提供心理疏导,思政课教师始终秉持着关心学生健康成长的理念进行教学。思政课超越了单纯的知识传授,肩负起塑造学生灵魂、引领学生人生方向的使命,体现了真挚而深沉的人文情怀。

(三)社会性

思想政治理论课的社会性彰显了其作为社会科学的本质属性。作为研究社会存在和发展一般规律的学科,思想政治理论课必然要反映特定社会的政治、经济、文化等。同时,它需要与社会发展的脉搏始终保持同步,不断吸收社会进步的最新成果,在继承传统的基础上推陈出新,实现与时俱进。

思想政治理论课既联系社会现实,又紧扣学生成长,体现了强烈的主体性和实践性。大学阶段是学生世界观、人生观、价值观形成和确立的关键时期,思想政治理论课需要充分考虑大学生这一特定群体的身心发展规律和思想特点,有的放矢地开展教育教学。当今大学生正处于社会转型期,面临着学习压力大、就业困难、价值冲突等多重挑战,思想政治理论课要帮助学生在复杂的社会环境中认清自我,把握方向,激发他们积极进取,敢于担当。这就要求教师深入实际、走近学生,通过富有吸引力和感染力的教学把深奥的理论真理转化为学生可以接受和内化的思想认识。

思想政治理论课还担负着培育和践行社会主义核心价值观的重要职责。社会主义核心价值观是当代中国精神的集中体现,凝结着全体人民共同的价值追求。作为价值观教育的主渠道和主阵地,思想政治理论课必须将社会主义核心价值观贯穿于教学全过程,引导学生把崇高理想信念内化为自觉行动。这需要教师立足中国特色社会主义伟大实践,生动讲述改革开放以来党和国家取得的举世瞩目的成就,讲清楚中国共产党为什么"能"、马克思主义为什么"行"、中国特色社会主义为什么"好"。同时,教师要结合大学生的思想实际,创新教学形式和方法,加强实践体验和情感认同,促进知行合一、学做结合。

第二节　思想政治理论课的教学目标

一、思想政治理论课的知识传授目标

(一)基础知识传授

基础知识的传授是思想政治理论课的首要任务。高校思想政治理论课承担着为学生奠定思想政治教育基本原理和中国特色社会主义理论体系的理论基础的重任。通过系统学习哲学、政治经济学、科学社会主义等基本理论,学生能够深刻认识和把握人类社会发展的一般规律和当代中国发展的具体实践,树立正确的世界观、人生观、价值观。高校思想政治理论课还应注重传授中国革命、建设、改革的基本经验,帮助学生准确理解党的路线方针政策。只有打牢理论基础,学生才能正确认识世情、国情、党情,进而提高分析问题、解决问题的能力。

(二)专业知识拓展

在基础知识传授的基础上,思政课教师需要进一步引导学生拓展专业知识,加深对相关理论和实践的理解。通过专业知识拓展,学生能够将所学知识与本专业领域相联系,深化对思想政治教育基本原理的认识,提升运用科学的立场、观点和方法分析问题、解决问题的能力。

专业知识拓展应立足学生专业背景,紧密结合学科前沿动态和现实社会问题。例如,对于经济学专业的学生,教师可以引导其思考在社会主义市场经济条件下如何坚持和完善基本经济制度,探讨中国特色社会主义政治经济学的理论创新之法和实践发展之路。对于法学专业的学生,教师可以引导其研究社会主义法治建设的基本经验,分析全面依法治国背景下公民如何更好地行使权利、履行义务。

进行专业知识拓展要注重教学方式方法的创新。教师要转变传统的教学模式,多采用启发式、研讨式、参与式教学,调动学生主动学习的积极性。例如,教师可以设计一些与专业相关的社会调查或实践项目,引导学生走出课堂,在亲身体验中获得感性认识,在与他人交流中拓宽思路视野。生动活泼、形式多样的教学活动,能够使专业知识拓展更加贴近学生实际,提升教学的吸引力和感染力。

专业知识拓展要强调理论与实践的紧密结合。思想政治理论既源于实践又指导实践,只有在社会实践中才能彰显其真理力量。因此,在专业知识拓展过程中,教师要引导学生将所学理论运用于分析和解决实际问题。

(三)知识体系构建

知识体系的构建是思想政治理论课教学目标的重要组成部分。它要求教师不仅要传授基础知识,更要帮助学生建立起完整、系统的思想政治理论知识架构。这不仅能够帮助学生全面、准确地理解思想政治教育基本原理,而且能够为其运用科学的立场、观点和方法分析问题、解决问题奠定坚实基础。

为实现知识体系构建的目标,在教学过程中,教师要引导学生把握思想政治教育理论的内在逻辑关系,厘清各个概念、原理之间的联系。例如,在讲授历史唯物主义时,教师不仅要阐明生产力、生产关系、经济基础、上层建筑等基本概念,还要揭示它们之间的辩证关系,帮助学生理解社会发展的一般规律。

教师还要注重创新教学方法,引导学生积极参与和互动。可以通过课堂讨论、社会实践、专题研究等形式,引导学生自主思考、主动探究。例如,教师可以设计一些开放性的问题,组织学生进行讨论,引导其运用科学的立场、观点和方法分析社会热点问题,提出自己的见解。

二、思想政治理论课的价值观引导目标

(一)社会主义核心价值观教育

社会主义核心价值观是社会主义核心价值体系的内核,是当代中国精神的集中体现,凝结着全体人民共同的价值目标。将社会主义核心价值观融入思想政治理论课教学,有助于大学生确立远大理想,树立崇高信念,培养高尚品德。

在思想政治理论课教学中,教师应着力引导学生深刻领会社会主义核心价值观的丰富内涵。"富强、民主、文明、和谐"反映了国家层面的价值目标,"自由、平等、公正、法治"体现了社会层面的价值取向,"爱国、敬业、诚信、友善"凝结了公民个人层面的价值准则。教师要帮助学生准确把握这些内容的科学内涵,深刻理解其内在逻辑关系。例如,"富强"是社会主义核心价值观的首要追求目标,"民主"是社会主义核心价值观的有机构成部分,"文明"是社会主义核心价值观的集中体现,"和谐"是社会主义核心价值观的重要特征。四者相辅相成,不可或缺,共同构成了国家层面的价值目标。教师要引导学生运用辩证唯物主义和历史唯物主义的立场、观点和方法,深入分析社会主义核心价值观的丰富内涵和内在联系,真正做到学懂弄通、入脑入心。

在思想政治理论课教学中,教师要注重将社会主义核心价值观同大学生的现实生活紧密结合起来,引导他们在学习、生活和社会实践中自觉践行。例如,教师可以教导学生,"爱国"就是要刻苦学习、勤奋工作、报效国家;"敬业"

就是要脚踏实地、甘于奉献、无私服务；"诚信"就是要言行一致、表里如一、诚实守信；"友善"就是要互帮互助、和睦相处、友爱同行。通过将社会主义核心价值观同大学生的实际生活对接，教师可以帮助学生进行正确的价值判断和行为选择，使其成为社会主义核心价值观的坚定信仰者、积极传播者和模范践行者。

（二）社会责任感培养

社会责任感是大学生必备的基本素质，它不仅体现了个人修养，还关乎国家和民族的未来。在思想政治理论课教学中，培养大学生的社会责任感是一项重要而紧迫的任务。教师应当充分认识到这一点，并采取有效措施，帮助学生树立正确的责任意识，激发其奉献社会、服务他人的内在动力。

从价值引导的角度来看，思想政治理论课承担着引导大学生形成正确世界观、人生观、价值观的重任。教师应当在教学中阐述社会责任感的深刻内涵，帮助学生理解个人利益与社会利益的辩证关系，认识到个人的全面发展离不开社会的进步，个人的前途命运与国家和民族的命运休戚与共。只有树立起强烈的社会责任感，学生才能自觉地将个人追求与社会需要相统一，在实现个人价值的同时促进社会的进步与发展。

从榜样示范的角度来看，教师应当充分挖掘和利用思想政治理论课中蕴含的丰富案例资源，通过英雄模范、先进典型等鲜活事例，生动展现社会责任感的崇高价值和实践意义。例如，在学习过程中，教师可以讲述时代楷模的感人事迹，分析他们身上体现出的社会责任意识、奉献精神，引导学生以他们为榜样，立志成为有理想、有道德、有文化、有纪律的社会主义建设者和接班人。

从实践养成的角度来看，思想政治理论课教学应注重引导学生将所学知识转化为自觉行动。教师可以通过组织主题实践活动、志愿服务、社会调研等形式，为学生提供践行社会责任的平台和机会。在亲身参与社会实践的过程中，学生能够更加直观地感受社会责任感的重要性，在帮助他人、服务社会的过程中收获成长，逐步养成自觉履行社会责任的良好品质。

从能力培养的角度来看，社会责任感的养成离不开相应能力的支撑。思想政治理论课教学应当注重提升学生分析问题、解决问题的能力,帮助其用科学的立场、观点和方法正确认识和对待社会责任。

(三)人生观与世界观塑造

人生观是个人对人生意义、价值和目的的总体看法和根本观点,世界观则是人们对整个世界的本质、发展规律的根本看法。正确的人生观和世界观是学生全面发展的重要基础,对其成长成才、实现人生价值具有重要意义。因此,高校思想政治理论课要高度重视对学生人生观、世界观的引导和塑造。

在教学过程中,教师要引导学生树立正确的人生目标和价值取向。一方面,要帮助学生确立远大理想,树立为实现中华民族伟大复兴的中国梦而奋斗的坚定信念。只有将个人理想与国家、民族的前途命运紧密联系在一起,学生才能拥有更高远的目标和更广阔的舞台。另一方面,要引导学生摆脱功利主义和拜金主义的影响,树立正确的价值观。教师要帮助学生认识到,物质追求固然重要,但精神追求、道德操守更为宝贵;个人发展固然不可或缺,但服务社会、奉献他人更加高尚。

思想政治理论课还要引导学生以科学的态度认识世界,掌握认识世界、改造世界的正确方法。一方面,要帮助学生树立辩证唯物主义和历史唯物主义的世界观,学会运用联系的、发展的眼光看问题,正确认识人与社会、人与自然的关系。另一方面,要引导学生增强运用科学的立场、观点和方法分析问题的自觉性,提高运用科学理论指导实践、推动社会进步的能力。

塑造正确人生观与世界观还要注重实践育人,引导学生在社会实践中升华人生追求,强化使命担当。一方面,要通过组织主题实践活动,引导学生走进社区、走进基层,在为群众服务的过程中感悟人生真谛,培育家国情怀。另一方面,要引导学生积极投身志愿服务,在奉献爱心、彰显责任的过程中追求更有意义的人生,努力成为能够担当民族复兴大任的时代新人。只有将个人价值与国家、社会的发展紧密结合,学生的人生观、世界观才能获得升华,人生目标才能拥有深远意义。

三、思想政治理论课的能力培养目标

(一)批判性思维能力

批判性思维能力是现代高等教育的重要培养目标。它指的是个体运用逻辑推理、论证分析等理性思维方式,对信息、论点进行客观评价,做出独立判断的能力。

从知识层面来看,批判性思维能力有助于学生深入理解思政课所传授的理论知识。哲学、政治经济学、科学社会主义等思政课核心内容,都蕴含着丰富的辩证思维方法和唯物史观分析视角。通过批判性思维训练,学生能够透过现象看本质,运用历史和逻辑相统一的方法分析问题,从而加深对思想政治教育基本原理的认识;学生还能学会辨别各种错误观点,坚定对科学社会主义的信仰,提升政治理论素养。

从能力层面来看,批判性思维能力是学生综合素质的重要组成部分。在思政课堂上,教师可以设置开放性问题,通过组织讨论、辩论等方式,引导学生质疑问难、挖掘矛盾,从而使学生在探究真理的过程中不断锻炼独立思考、论证分析、语言表达等能力,并逐步形成理性、审慎、自主的思维品质。这些能力和品质不仅能帮助学生更好地学习和运用思想政治理论,也能为其未来的学习、工作和生活奠定良好基础。

从情感态度层面来看,批判性思维能力对学生的全面发展和健康成长具有重要价值。通过在思政课上积极思考、主动发言,学生能够获得成就感和自信心,增强主体意识和参与意识。在与他人讨论交流、求同存异的过程中,学生的人际交往能力、宽容心和同理心也能得到培养。这有助于其形成正确的世界观、人生观、价值观,树立远大理想和家国情怀,塑造积极向上的人格品质。

(二)解决问题能力

解决问题能力是高校思想政治理论课教学的重要目标之一。在复杂多变的现实世界中,学生不仅需要掌握系统完备的理论知识,还需要具备运用知识分析问题、解决问题的实践能力。思想政治理论课要着力培养学生的问题意识和批判性思维,引导其学以致用,在解决现实问题的过程中加深对理论的理解,提升运用科学的立场、观点和方法分析和解决问题的能力。

思想政治理论课要紧密结合社会热点、难点问题,设计富有挑战性的教学情境,引导学生运用课堂所学知识展开分析论证。例如,在讲授社会主义核心价值观时,教师可以选取一些具有典型意义的社会现象或道德困境,组织学生进行讨论,鼓励其从不同角度阐述观点、提出对策。在这个过程中,学生不仅能够深化对社会主义核心价值观的认识,还能锻炼求真务实、勇于担当的品格,提高运用社会主义核心价值观观察社会、分析问题的能力。

思想政治理论课还应重视实践教学环节,引导学生走出课堂,深入社会,在亲身参与中增强问题意识,提高解决问题的实践本领。一方面,教师可以带领学生参观访问革命圣地、爱国主义教育基地等,引导其在现场感悟中领会理论的真谛,坚定理想信念;另一方面,教师可以组织学生开展社会调查、志愿服务等实践活动,引导其在服务他人、奉献社会的过程中砥砺意志品质,增强社会责任感。实践教学不仅能够拓展思想政治理论课的教学空间,还能推动知行合一,使学生在实践中检验和运用理论知识,不断提升分析和解决问题的综合能力。

(三)沟通与合作能力

沟通与合作能力是思想政治理论课在能力培养目标中不可或缺的重要方面。在当前复杂多变的社会环境下,个人的成长与发展不仅需要依靠自身力量,也需要通过与他人的交流互动、协同合作来实现。因此,在思想政治理论课教学中,教师应该高度重视对学生沟通与合作能力的培养,帮助其掌握有效的人际交往技巧,树立团队协作意识。

从沟通能力来看,思想政治理论课为学生提供了大量表达观点、阐述理念的机会。在课堂讨论、小组辩论等教学活动中,学生需要运用语言文字清晰、准确、有逻辑地表达自己的看法,回应他人的质疑,以具有说服力的方式传递自己的观点。这个过程不仅能够锻炼学生的口头与书面表达能力,提升其语言组织、逻辑思辨的水平,还能够培养其倾听的耐心以及尊重他人观点的胸襟。通过思想的交锋和观点的碰撞,学生能够学会站在他人的角度考虑问题,以平和、理性的心态看待分歧,在交流中不断修正和完善自己的认知。

从合作能力来看,思想政治理论课为学生搭建了团队协作的平台。很多教学任务,如社会调查、研究性学习等,都需要学生与他人密切配合、通力合作。在确定选题、设计方案、分工执行、总结评价的过程中,学生必须学会如何有效融入集体,发挥自身特长,为团队目标贡献力量。学生还要学会包容差异、化解矛盾,在与他人的合作中找到最佳的协同点。这些宝贵的经验不仅能提升学生的组织协调能力,还能磨砺其克己奉公、无私奉献的品格。

第三节 思想政治理论课的教学理论基础

一、教育学理论基础

(一)教育学基本概念

在现代教育学视域中,教育被界定为一种有目的、有计划、有组织地培养人的社会活动。这一概念涵盖了教育的本质属性和基本特征。其一,教育是一种社会活动,它不同于纯粹的个体行为,它是在特定社会历史条件下产生和发展的。其二,教育具有明确的目的性,即通过对受教育者进行培养,使其朝着既定的方向发展。其三,教育具有系统的计划性和组织性,它需要遵循一定的规律和程序,通过科学的内容设计和方法运用来实现预期目标。教育学正是以教育活动为研究对象,探索教育发生、发展的一般规律,并运用这些规律来指导教育实践,不断提升人才培养质量。

教育学包括教育学原理、课程与教学论、教育史等二级学科,它们从不同视角揭示教育的一般规律和特殊规律,共同构成了完整的教育学知识体系。这些学科相互联系,相互促进,形成了有机统一的整体,为学校的管理和教学工作提供了重要的理论指导和实践支撑。

(二)教育学与思想政治教育

教育学和思想政治教育密不可分,二者相互影响,相互促进,共同服务于立德树人的根本任务。教育学为思想政治教育提供了理论基础和方法指导,而思想政治教育则丰富和发展了教育学的内容体系,彰显了教育的价值导向和育人功能。深入探究教育学与思想政治教育的内在联系,有助于推动思想政治教育与时俱进,提升思想政治教育的科学化水平。

从理论基础的角度来看,教育学为思想政治教育奠定了坚实的根基。教育学揭示了教育的本质属性、基本规律和一般原理,阐明了教育与人的发展、社会进步之间的辩证关系,为思想政治教育的开展提供了理论支撑和行动指南。思想政治教育工作者只有深入学习和掌握教育学的基本理论,才能更好地把握思想政治教育的内在规律,提高工作的预见性、针对性和有效性。教育学的发展也为思想政治教育提供了新的理论视角和分析工具。例如,建构主义学习理论强调学习者在学习过程中的主体作用,倡导在真实情境中开展探究性学习,这对于创新思想政治教育的内容呈现方式、教学模式等具有重要启示。

从育人导向的角度来看,思想政治教育是落实立德树人根本任务的关键环节。思想政治教育通过理想信念教育、爱国主义教育、品德教育等,引导学生坚定"四个自信",自觉践行社会主义核心价值观,厚植爱国主义情怀。这既体现了教育的价值引领功能,也丰富和拓展了教育学的内涵、外延,彰显了思想政治教育在实现教育目的方面的重要作用。

从实践路径的角度来看,教育学为思想政治教育提供了科学的方法论指导。随着信息技术的迅猛发展和大学生思想行为特点的新变化,思想政治教育面临着新的机遇和挑战。教育学理论为应对这些挑战提供了有益启示。例如,教育信息化理论为思想政治教育数字化转型提供了理论支撑,指导教师利用信息技术手段创新教育教学模式,建设智慧课堂和智慧校园,提升思政课的吸引力和实效性。

二、心理学理论基础

(一)心理学基本概念

心理学作为一门研究人类心理和行为的科学,其基本概念和理论框架为人们认识自我、理解他人提供了重要参考。从广义上看,心理学研究人的心理活动和行为表现。这里的心理活动包括感觉、知觉、注意、记忆、思维、情绪、情感、意志、能力、人格等,而行为表现则涉及个体在社会环境中的一切外显行为。

1. 感觉和知觉

感觉是指人脑对直接作用于感觉器官的客观事物的个别属性的反映,是心理过程中最基本、最简单的部分。知觉则是在感觉的基础上对客观事物的整体属性的反映,是一个更高级的心理过程。

2. 注意

注意是心理活动对一定对象的指向和集中。它具有选择性、集中性和稳定性等特点,是一切心理活动得以顺利进行的前提条件。

3. 记忆

记忆是个体对过去经验的识记、保持和再现,是人脑对客观事物的间接反映。根据记忆过程的不同阶段,可将记忆分为短时记忆、长时记忆和感觉记忆等。

4. 思维

思维是人脑对客观事物本质属性和规律的概括和间接反映,是最高级的认知心理过程。思维具有间接性、概括性和创造性等特点,包括抽象思维、逻辑思维等不同类型。

5. 情绪和情感

情绪是人对客观事物是否满足自身需要所产生的态度体验,如高兴、悲伤等。情感则是人对客观事物的稳定的、深刻的态度体验,具有理智成分和道德倾向,如爱情、友情等。

6. 意志

意志是人的心理过程中有意识地确定目的,并为实现目的而自觉地支配和调节自己的行为的过程。意志具有目的性和自觉调节性,在人格形成中有重要作用。

7. 能力

能力是个体从事某种活动并做出成绩的心理特征。能力的形成需要经过后天学习和训练,但也受先天遗传因素的影响。常见的能力分类有一般能力和特殊能力。

8. 人格

人格是个体所特有的稳定的心理素质的综合,它包括性格、气质、理想、信念等成分,反映个体对待现实的态度和习惯化的行为方式。人格塑造是个体终生发展的重要任务。

(二)学习心理学

学习心理学是教育心理学的一个重要分支,它研究人类学习行为的心理规律,为优化教与学提供科学依据。在高校思想政治理论课教学中,运用学习心理学的相关理论和方法,有助于提高教学质量,增强教学效果。

学习动机理论是学习心理学的核心内容。它强调学习动机是推动学习行为发生,维持并引导学习行为朝向特定目标的内部动力。在思想政治理论课教学中,教师应重视学生学习动机的激发和维持。教师可以通过创设问题情境、开展课堂讨论等方式,引导学生发现问题,产生求知欲望,激发其内在学习动机。教师还应该重视学生的成就感和自我效能感,通过及时的鼓励和反馈,帮助学生建立学习自信,保持学习动力。学生只有具备了持久的学习动机,其学习行为才能自觉、主动、有效。

建构主义学习理论是学习心理学的又一重要理论基础。该理论认为,学习是学习者基于原有知识经验,通过与外部环境的互动,主动建构新知识的过程。在这个过程中,学习者的主体性地位至关重要。思想政治理论课的教学实践应该充分尊重学生的主体地位,突出学生在知识建构中的能动性。教师要为学生提供丰富的学习资源和宽松的学习环境,引导学生开展探究性学习。通过头脑风暴、小组合作、案例分析等教学方法,鼓励学生积极思考,主动建构,在师生互动、生生互动中实现知识内化。此外,教师还应关注学生在学习过程中的情感体验,营造民主、平等、和谐的课堂氛围,为学生创造积极愉悦的情感环境。

认知负荷理论对于优化思想政治理论课的教学设计具有重要启示。该理论指出,人脑的工作记忆容量有限,如果学习者在单位时间内接收和加工的信息量超出其认知负荷,就会影响学习效率。因此,教师在设计教学内容时,要注意控制信息呈现的速度、数量和复杂程度,避免引起学生认知过载。教师还可以合理使用多媒体课件、思维导图等教学手段,利用双重编码理论,从听觉和视觉两个通道同时呈现信息,分散学生的注意力,减轻其认知负荷。教学内容的设计还应该遵循学生的认知发展规律,做到由易到难、由浅入深,在学生的最近发展区内设置适度的认知冲突,促进学生认知结构的同化和顺应。

元认知理论对于培养学生的自主学习能力、提升学生的思想政治素养至关重要。元认知是指个体对自身认知过程及结果的认知。具备元认知能力的学生能够自觉地规划学习目标,监控学习过程,评价学习效果。在思想政治理论课教学中,教师应引导学生反思自身思想观念的形成过程,提高思想觉悟和政治鉴别力。教师要鼓励学生自主设计学习计划,选择学习策略,评估学习成果。在学习过程中,教师应及时为学生提供元认知引导和反馈,使其养成自我质疑、自我评价的习惯。此外,教师还可以通过开展合作探究、交流讨论等活动,促进学生在元认知的社会互动中提升自主学习能力。

(三)心理学在教学中的应用

心理学是一门研究人类及动物心理现象和行为的科学,其理论和方法在教学中有着广泛的应用。教师只有深入理解学生的心理特点,洞察其行为动机,才能因材施教,提高教学效果。

在教学过程中,认知心理学的研究成果可以为教师优化教学设计提供重要参考。例如,根据学生认知发展阶段的特点,教师可以合理安排教学内容的难度和顺序,使学生既不会因太简单而失去兴趣,也不会因过于难而产生挫败感。同时,通过设计启发性问题、组织探究性学习等方式,教师可以激发学生的好奇心,调动其主动思考的积极性,引导其建构起完整的知识体系。这些做法都符合人类认知加工的一般规律,有助于加强学生的理解和记忆。

学习动机是影响学生学习效果的关键因素,教师应充分利用动机心理学的相关理论,采取恰当的策略来激发学生的学习兴趣。例如,教师可以创设问题情境,激发学生的求知欲望;通过生动形象的讲解、新颖有趣的案例,吸引学生的注意力;适时给予表扬和鼓励,增强学生的自信心和成就感。教师还要注重培养学生的恒心和毅力,引导其正确看待困难和挫折,保持学习的持久动力。

个体差异是客观存在的,因此教师要全面了解学生的个性特点、认知风格、学习基础等,有针对性地制订教学方案。对于学习能力较强的学生,教师可以提供更具挑战性的任务,引导其进行深度探究;对于学习有困难的学生,教师要给予更多关注和帮助,通过个别辅导、专题训练等方式,补齐其知识和能力的短板。教师还要关注学生的情感状态,及时疏导其不良情绪,营造宽松、和谐的教学氛围,使每位学生都能感受到被尊重、被接纳,从而积极投入学习。

三、社会学理论基础

(一)社会学基本概念

社会学是一门探究人类社会行为和社会结构的学科,其核心概念包括社会结构、社会互动、社会角色、社会控制、社会变迁等。

社会结构是指社会各部分之间相对稳定的关系模式,如阶层结构、群体结构、组织结构等。社会结构影响着个体的社会地位和行为方式,同时会随着社会变迁而发生变化。

社会互动是指个体或群体之间的相互作用和影响,它是社会生活的基本单位。通过社会互动,个体学习社会规范,形成自我认同,建立社会关系网络。社会化则是个体通过与他人互动,内化社会价值观念、行为规范的过程。

社会角色是社会学分析的另一个重要概念。每个人在社会中都扮演着多重角色,如子女、学生、公民等。角色预期规定了特定角色应有的行为,而角色冲突则反映出不同角色预期之间的张力。个体需要学会平衡和协调多重角色,以适应复杂的社会环境。

社会控制是社会维持秩序稳定的重要机制。它包括法律、道德、习俗等正式和非正式的行为规范,旨在规范个体和群体行为,惩罚违规行为。社会控制可以减少社会失范现象,但过度的社会控制也可能损害个体自由。

社会变迁是社会学关注的重大议题。它指社会结构和功能的重大变化,如工业化、城市化、全球化等。社会变迁通常源于技术进步、观念更新、利益冲突等因素,既带来机遇,也伴随风险。社会学试图揭示不同社会要素如何相互影响,共同推动社会变迁。

(二)社会变迁与教育

社会变迁对教育发展产生了深远影响。随着社会结构的调整、经济体制的变化、科技水平的提升,教育作为社会的一个子系统,必然要适应新的社会需求,不断进行自我发展。这种发展不仅体现在教育理念、教育制度层面,也直接地反映在教学内容、教学方法等微观层面。

从教学内容来看,社会变迁对知识体系的重构提出了新的要求。传统的学科划分已经难以适应日益综合化、交叉化的知识发展趋势。越来越多的新兴学科应运而生,如生物信息学、纳米科学与工程等。许多传统学科也出现了新的分支和交叉领域,如计算语言学、神经经济学等。这就要求教育者重新审视现有的课程设置,加强学科之间的融合,更新教学内容,使之能够反映最新的科技进展和前沿动态。

教学方法也面临着社会变迁带来的新挑战。随着信息技术的迅猛发展,网络化、数字化学习已经成为必然趋势。慕课、微课、翻转课堂等新型教学模式不断涌现,对传统的师生关系和课堂组织方式形成了冲击。教师不再是知识的唯一传播者,而更多地扮演着学习过程的设计者、组织者和引导者的角色。学生的主体地位日益凸显,自主学习、探究式学习、合作学习成为教学过程的主旋律。这就要求教育工作者与时俱进,创新教学手段,提升信息化教学能力,充分利用新技术赋予教育的新可能。

社会变迁对人才培养目标也提出了新的诉求。随着知识经济时代的到来,社会对创新型人才的需求日益迫切。如何培养学生的创新思维和实践能力,成为摆在教育者面前的一道新课题。同时,在经济全球化背景下,跨文化交流与合作已成大势所趋。培养具有全球视野、通晓国际规则、能够参与国际竞争的国际化人才,已成为教育不可忽视的新使命。这就要求教育工作者在人才培养过程中更加重视对学生批判性思维、创新精神、跨文化沟通能力等关键要素的塑造。

第二章　高校思想政治理论课之讨论式教学法

第一节　讨论式教学法的特点与类型

一、讨论式教学法的特点

(一)学生主体性

学生是讨论式教学法的主体,在教学过程中扮演着至关重要的角色。在传统的教学模式下,学生往往处于被动接受知识的地位,缺乏主动参与和思考的机会。讨论式教学法强调以学生为中心,充分尊重学生的主体地位,鼓励其积极参与教学活动。

在讨论式教学中,学生不再是知识的被动接受者,而是知识意义建构的主动参与者。教师通过设计开放性的问题情境,引导学生运用已有知识和经验,通过独立思考、小组讨论等方式,对问题进行深入探究。在这个过程中,学生需要主动调动认知资源,运用批判性和创造性思维,提出自己的观点和见解。这不仅能加深学生对知识的理解,也能培养学生独立思考、勇于质疑的能力。

讨论式教学法还注重发挥学生的主体性,鼓励其参与教学决策。在教学过程中,教师会邀请学生参与教学目标的制订、教学内容的选择、教学方法的设计等环节。这种参与式的教学模式,不仅能够激发学生的学习兴趣和动机,还能促使其主动管理和调控学习过程。当学生成为教学活动的"共同设计者"时,他们往往会表现出更高的责任心和主人翁意识。

(二)教师引导性

在讨论式教学法中,教师不再是高高在上的权威,而是学生探索知识的引路人。他们需要精心设计教学环节,提出富有启发性的问题,引导学生积极思考、主动发言。教师还要善于倾听,重视学生的每一个想法,鼓励他们大胆表达、勇于质疑。在讨论过程中,教师要适时给予点拨和总结,帮助学生梳理思路、深化认识。可以说,教师引导的艺术在于把握平衡,既要激发学生的主动性,又要防止讨论脱离主题、流于表面。

教学实践表明,教师引导的有效性直接影响讨论式教学的质量。一方面,教师要根据教学内容和学生特点,设计合适的讨论主题和问题。选题要具有开放性和挑战性,能激发学生的兴趣和思考欲望。问题要有层次,由浅入深,由表及里,引导学生不断拓展和深化思路。另一方面,教师要掌握启发诱导的策略和技巧。例如,面对不同的学生反应,教师要给予恰当的反馈,或提示,或质疑,或肯定,引导讨论不断向纵深发展。

教师引导的核心在于唤起学生的主体意识。讨论式教学为学生提供了一个平等、民主的对话平台,让他们成为学习的主人。在这里,每位学生都有表达观点、碰撞思想的机会,都能感受到自己的存在价值和独特贡献。教师则需要营造宽松的讨论氛围,以开放、包容的态度对待不同观点,以身作则地展示理性、深刻的思维品质。

(三)互动多样性

讨论式教学法的互动性是其重要特征,它体现在师生之间、生生之间的多向交流与合作中。在讨论过程中,教师不再是知识的权威和传授者,而是学生学习的引导者和促进者。教师需要精心设计讨论主题和问题,为学生提供自主探究、交流分享的平台,鼓励学生表达自己的观点,倾听他人的声音,在不同观点的碰撞中加强对知识的理解和认识。教师还要根据讨论的进程适时引导,提出启发性问题,促使学生深入思考,避免讨论偏离主题或陷入僵局。

讨论式教学法为学生提供了充分展示自我、相互启发的机会。在小组讨论中,学生通过头脑风暴、思维导图等方式,积极分享自己的见解,相互质疑、辩论,从而锻炼自己的批判性思维和表达能力。组内成员的不同观点能给彼此带来启发,帮助学生多角度、全方位认识问题。在全班讨论环节,不同小组之间的交流碰撞则进一步拓宽了学生的思路,他们能够站在更高的层次审视问题,综合多方观点形成自己的判断。这种互动交流不仅加深了学生对知识的理解,也提升了他们的思辨能力和包容心。

二、讨论式教学法的类型

(一)小组讨论

小组讨论是一种有效的教学方式,在高校思想政治理论课中得到了广泛应用。小组讨论强调学生的主体地位,鼓励其积极参与、主动思考、畅所欲言,在平等、互动的氛围中实现知识的内化和价值观的塑造。

小组讨论通常由教师根据教学内容和学情,将学生分成若干小组,每组4-6人。教师提出讨论主题或问题,学生在小组内自由交流,表达观点,碰撞思想。在这个过程中,学生不仅能够加深对课程内容的理解,还能培养批判性思维、表达能力、倾听能力等关键素养。小组讨论营造的平等、民主、包容的课堂氛围,也有利于学生形成正确的世界观、人生观、价值观。

为了保证小组讨论的教学效果,教师需要在前期做好充分准备。其一,讨论主题应紧密结合教学内容,具有一定的深度和广度,能够引发学生的思考和共鸣。其二,教师要合理分组,综合考虑学生的性格特点、知识水平、表达能力等因素,避免出现学生拒绝发言或积极性不高的现象。其三,教师应提前设计好讨论流程和规则,明确每个环节的时间分配和任务要求,引导学生有序、高效地开展讨论。

在讨论过程中,教师要充分发挥引导和总结作用。一方面,教师要适时介入讨论,提出启发性问题,引导学生深入思考、拓宽视野;另一方面,教师要及时总结各小组的讨论成果,梳理知识脉络,升华价值内涵,帮助学生内化、固化所学内容。此外,教师还应关注每位学生的表现,给予鼓励和指导,特别是要支持、赏识、引导持不同观点的学生,促进多元观点的交流碰撞。

(二)全班讨论

全班讨论是一种高度互动、参与度高、思维激荡的教学方式。与小组讨论相比,全班讨论通常围绕一个宏大的主题或核心问题展开,旨在集思广益,激发学生的批判性思维和创新意识。在全班讨论中,教师通常扮演引导者和协调者的角色,负责设计讨论主题,把控讨论方向,调动学生参与的积极性。学生则是讨论的主体,通过阐述观点、质疑辩驳、分享见解,学生可以在平等、民主的氛围中深化对问题的理解,实现思维的碰撞与升华。

全班讨论具有广泛的适用性,几乎可以应用于高校思政课教学的各个环节。在导入新课时,教师可以用一个发人深省的问题引发全班讨论,激发学生的学习兴趣,引出本节课的主题。在课程主体部分,教师可以针对重点、难点问题组织讨论,引导学生深入思考,加深对知识的理解。在课程总结阶段,全班讨论可以帮助学生梳理知识脉络,强化关键概念,提升运用能力。

为了确保全班讨论的教学效果,教师需要在备课阶段做好充分准备。其一,讨论主题的设计要契合教学目标,具有思想性和时代性,能够引发学生的共鸣和思考。其二,教师要为讨论制订明确的规则和流程,确保讨论有序、高效、不跑偏。其三,教师要为讨论提供必要的材料和信息支持,帮助学生拓宽视野,深化认识。其四,教师要预设讨论过程中可能出现的问题和冲突,提前准备应对策略,确保讨论始终在可控范围内。

在讨论过程中,教师要充分发挥引导者的作用,提出富有启发性的问题,鼓励学生畅所欲言,表达独到见解。教师也要善于倾听,尊重学生的意见,平等对待每一位发言者。对于观点偏颇或片面的言论,教师要耐心引导,帮助学生全面、客观地看待问题。对于争议较大的话题,教师要积极协调,引导学生在争鸣中达成共识,在交流中获得提升。

全班讨论不仅能够提高学生参与课堂的积极性,增强师生互动、生生互动,营造民主、活跃的课堂氛围,还能培养学生的批判性思维能力、逻辑论证能力、语言表达能力和团队合作精神。在参与讨论的过程中,学生通过多角度分析问题,能够学会换位思考,培养全局观念和辩证思维。在与他人讨论、辩论的过程中,学生的表达能力和人际交往能力也得到了锻炼。这些能力的养成,不仅有助于学生更好地理解和内化思政课知识,也有助于他们更好地适应社会、服务社会。

第二节　讨论式教学法的设计与实施

一、讨论主题的选择

精心选择讨论主题是开展高校思想政治理论课讨论式教学的首要环节。主题选择恰当与否，关乎讨论活动能否取得预期效果。因此，教师在选择讨论主题时应把握以下几个标准。

第一，选择的主题应具有鲜明的时代性和现实针对性。思政课要发挥育人功能，必须紧密结合社会热点和学生关切，引导学生运用科学的立场、观点和方法分析和解决实际问题。教师应关注社会生活中的新情况、新问题，捕捉学生思想动态中的新特点、新趋势，有的放矢地设计讨论主题。只有聚焦学生关注的热点难点问题，才能激发其参与讨论的兴趣和热情，从而使其在讨论交锋中加强对理论知识的理解和认同。

第二，选择的主题应契合教学目标和课程要求。高校思政课不同于一般的学术讨论，它肩负着价值引领、能力培养的重要使命。因此，讨论主题的设计要服务于课程教学目标的达成，突出思政课的育人导向。教师应系统梳理教学大纲，明确各章节的重点难点，据此提炼讨论主题。讨论主题还应兼顾理论性与实践性、知识性与趣味性，既能帮助学生把握概念原理，又能引导其对现实问题进行思考。

第三，选择的主题应富有挑战性，能够引发不同观点的碰撞。好的讨论离不开观点的交锋和思维的激荡。因此，教师在设计主题时应选取那些存在分歧、有讨论空间的话题。这些话题既可以是理论界尚存争议的前沿问题，也可以是社会生活中存在不同声音的现实议题，关键是要给学生提供表达观点、展开讨论的平台，引导其在多元观点的交流中加深理解，获得启发，形成共识。当然，观点的分歧不能偏离主流价值导向，教师要做好把关，引导讨论始终沿着正确的方向深入。

第四,选择的主题应考虑学情,具有适切性和亲和力。大学生正处于价值观形成的关键期,对许多问题尚不能形成成熟的认识。教师在设计主题时,要充分估计学生的认知基础和兴趣诉求,选取那些与其生活经验相关,与其成长需要相契合的话题。同时,主题表述要简洁明了,彰显时代特色,增强学生的认同感和参与感。

二、讨论小组的分配与管理

(一)小组成员分配

科学、合理的分组不仅关乎教学活动的顺利开展,也关乎学生参与讨论的积极性和讨论质量。因此,教师需要充分考虑学生的个体差异、学习能力、性格特点等因素,采取灵活多样的分组策略,营造民主、包容、平等的讨论氛围,最大限度地调动每一位学生参与讨论的主动性。

教师可以根据讨论主题的性质和学生的特点采取不同的分组方式。

对于一些探索性强、观点分歧大的讨论主题,教师可以采取异质分组的方式,即将学习能力、知识水平、性格特点不同的学生分在同一小组。这种分组方式有利于促进学生之间的交流与碰撞,激发不同观点的交锋,拓展讨论的深度和广度。在异质分组的过程中,教师要特别关注学习能力较弱、内向腼腆的学生,给予其更多的鼓励和支持,营造包容、友善的讨论氛围,帮助其建立自信,积极表达自己的观点。

对于一些具有明确答案、讨论难度较低的主题,教师可以采取同质分组的方式,即将学习能力、知识水平相近的学生分在一个小组。这种分组方式有利于学生在相对均衡的认知水平上展开讨论,减少学生之间因能力悬殊带来的顾虑和压力。同时,教师要注意在同质分组中为学生创设一定的挑战,鼓励他们突破既有思维定式,从不同角度看待问题,以避免讨论流于表面。

在某些情况下,教师还可以尝试自由分组或随机分组的方式。自由分组允许学生根据自己的兴趣爱好、人际关系等自主选择小组,这种方式有利于营造轻松愉悦的讨论氛围,激发学生参与的热情。随机分组则通过抽签、编号等方式随机确定小组成员,这种方式打破了学生既有的人际圈子,为其提供了结识新伙伴、接纳不同观点的机会。

(二)小组角色分工

小组角色分工是讨论式教学法中的一个关键环节,它对于充分调动学生参与的积极性,提高讨论质量和效率具有重要意义。在讨论小组中,每个成员都应根据自身特长和兴趣,承担相应的角色和任务。只有实现了合理的角色分工,才能发挥个体优势,形成积极互动、相互促进的团队氛围,推动讨论活动的有序开展。

首先,小组中应设置"组长"一职,由学习能力强、组织协调能力突出的学生担任。组长需要统筹全局,合理规划讨论进程,把握讨论方向。在讨论前,组长要主持制订小组讨论计划,明确讨论主题、时间安排、成员分工等;在讨论中,组长要引导话题,鼓励成员参与,调节讨论氛围;在讨论后,组长要组织小组成员总结讨论成果,评价讨论过程。可以说,组长在很大程度上决定着一个小组讨论活动能否高质量、高效率地完成。

其次,要明确"记录员"的分工。记录员在讨论过程中负责翔实记录小组成员的发言要点、观点分歧、共识结论等关键信息,并在讨论后整理成书面材料。记录员的工作看似简单,实则意义重大。一方面,及时、准确的记录能够帮助小组成员梳理讨论脉络,把握讨论进展,为进一步思考问题、深化认识奠定基础。另一方面,完整的讨论记录是小组讨论成果的重要体现,是交流、展示、评价的依据。从这个角度看,记录员在讨论活动中居于不可或缺的地位。

再次,应重视"报告员"的作用。报告员需要在全班范围内代表小组发言,传达小组的讨论结果。这就要求报告员不仅要对小组讨论内容有全面、深入的把握,还要具备良好的语言表达能力和临场应变能力。报告员的发言质量在很大程度上影响着其他小组和教师对本小组讨论成果的评价,进而影响小组成员的参与热情和获得感。因此,选择合适的报告员,并对其加以必要的指导和训练,有助于提升小组讨论的效果。

最后,应为"普通成员"分配明确任务。讨论小组中的每个成员都应积极参与,贡献智慧。教师和组长应鼓励普通成员参与讨论主题的设计,引导他们广泛收集相关资料,为讨论做充分准备。在讨论过程中,要营造宽松、平等、互信的氛围,让每个成员都能畅所欲言、各抒己见。同时,要提醒成员尊重他人,学会倾听,摒弃打断他人发言、强迫性发言等不当行为。通过赋予普通成员明确责任,调动其参与积极性,能够真正实现团队力量的最大化。

(三)小组管理技巧

小组是讨论式教学中学生互动与合作的基本单位,小组管理的有效性直接影响讨论活动的质量和效果。为了保证小组讨论的顺利开展,教师需要掌握一些关键的管理技巧。

教师要合理分配小组成员,充分考虑学生的个性特点、知识基础、兴趣爱好等。理想的小组应该是异质性与同质性相结合,既有思维敏捷的领头者,也有踏实肯干的执行者;既有善于提出问题的质疑者,也有善于倾听反思的聆听者。这种多元化的组合有利于实现思维碰撞,达到优势互补。教师还要权衡小组成员的性别比例、成员关系等,尽量营造和谐融洽的讨论氛围。

教师要明确小组成员的角色分工,引导成员各尽其责、协同合作。一个高效运转的小组,往往离不开组长的统筹规划、记录员的认真记录、报告人的精彩呈现、计时员的精准把控等。通过合理分工,小组成员能够找准自己的位置,在扮演角色的过程中获得参与感和成就感,从而更加投入讨论活动。教师可以采取轮流担任的方式,让每位学生都有机会体验不同角色,提升组织协调与沟通表达能力。

教师要适时监控小组讨论的进程,把握讨论的节奏和方向。一方面,教师要关注小组内部的互动情况,对积极参与、思维活跃的学生给予鼓励和支持,对胆怯内向、语言表达欠缺的学生给予引导和帮助,力求实现组内平等、充分交流。另一方面,教师要把控讨论主题,避免讨论偏离主题,必要时可以提供一些诱导性的问题,帮助学生聚焦核心,深化探讨。这种教学介入,既尊重了学生的主体地位,又发挥了教师的引领作用。

教师要重视小组讨论成果的生成和分享。讨论活动的最终目的,是帮助学生在交流碰撞中产生新的认识和见解。为此,教师可以引导小组采用思维导图、提纲框架等形式,将讨论内容系统化、条理化,提炼出有价值的观点和结论。在成果呈现环节,教师要鼓励小组之间的互动评议,通过相互补充、相互质疑,进一步拓展和深化学习内容。

三、讨论过程的引导与控制

(一) 引导技巧

讨论式教学法是一种以学生为中心,强调互动交流的教学方式。在讨论过程中,教师需要运用恰当的引导技巧,激发学生的思考和表达欲望,引导他们深入探讨问题的本质,从而实现高阶思维能力的培养。恰当的引导是讨论取得成功的关键,它不仅能够保证讨论沿着正确的方向展开,还能促进学生积极思考、主动参与,使讨论真正成为学生认知发展的助推器。教师在引导讨论时应该注意以下几点。

第一,营造民主、平等、开放的讨论氛围。教师要以平等的姿态对待每一位学生,尊重学生的独特见解,鼓励他们大胆质疑、勇于表达。即使学生的观点存在偏差,教师也要给予积极的回应和引导,而不是简单地否定或批评。只有在宽松、包容的氛围中,学生才能放下思想包袱,敞开心扉,积极投入讨论。

第二,提出具有针对性和启发性的问题。问题是引发思考和讨论的导火索,教师提出的问题要紧扣讨论主题,具有一定的开放性和挑战性,能够引导学生从不同角度、不同层面思考问题。问题还应有梯度,由浅入深,由易到难,以适应学生认知水平的差异。在讨论过程中,教师要根据学生的反应和讨论的进程,适时调整问题的方向和难度,以保持讨论的连贯性和深入性。

第三,倾听学生观点,把握讨论脉络。在讨论过程中,教师要认真倾听每一位学生的发言,捕捉他们言语中透露出的思路和观点。对于有价值的见解,教师要及时给予肯定和补充,帮助学生进一步完善和提升;对于片面或偏颇的认识,教师则要委婉地提出疑问,引导学生反思和修正。同时,教师还要关注讨论的整体脉络,把握讨论的深度和广度,适时归纳、总结,使讨论不断向纵深推进。

第四,引导学生相互质疑,相互启发。讨论的真谛在于思想的交锋和碰撞,教师要鼓励学生相互质疑,相互启发。当学生之间出现分歧或争议时,教师不应急于给出标准答案,而是要引导学生用事实和理论自行论证,在辩论中揭示事物的本质,获得共识。在这个过程中,学生的批判性思维和论证能力也能得到锻炼和提升。

第五,联系实际,拓展讨论的广度和深度。思政课的任务不仅在于传授知识,更在于引导学生运用科学的立场、观点和方法分析现实问题。因此,教师在组织讨论时,要注重联系社会热点和学生关心的现实问题,引导学生运用所学理论解读社会现象,提出自己的观点。通过理论与实际的结合,讨论不仅能够提升学生运用知识的能力,还能帮助他们树立正确的世界观、人生观和价值观。

(二)控制方法

讨论式教学是师生之间、生生之间通过平等互动、积极讨论,实现知识建构、能力提升的一种教学模式。在这个过程中,教师应当积极引导学生投入讨论,引导他们深入思考、勇于质疑、敢于表达。同时,教师要恰当控制讨论的进程,确保讨论始终围绕主题,朝着教学目标推进。控制讨论进程的关键在于把握讨论的"度",既要给学生充分的自主探索空间,又要适时介入引导,防止讨论偏离主题或陷入低效。

控制讨论进程的策略是提出恰当的讨论问题。好的问题能激发学生的好奇心和求知欲,引导他们深入思考问题的不同方面。教师应当根据教学内容和学生特点,设计开放性、发散性的讨论问题,鼓励学生从不同角度分析问题、阐述观点。例如,在探讨"创新精神"时,教师可以提出"什么是创新""创新需要具备哪些素质""如何在学习和生活中培养创新意识"等一系列问题,引导学生全面思考创新的内涵和培育途径。同时,教师要注意问题的难度梯度,循序渐进地提升讨论的深度和广度,以维持学生的参与热情。

教师应当积极倾听、适时点拨,引导讨论向纵深发展。在讨论过程中,教师要认真聆听每位学生的发言,抓住其中的亮点或疑点,提出启发性的追问,鼓励学生进一步阐释、论证自己的观点。对于有价值但不够成熟的观点,教师可以提示学生从其他角度补充论据;对于片面或错误的认识,教师则要委婉指出,引导学生修正思路。例如,当学生对"创新"有狭隘理解时,教师可以提出"除了科技领域,生活中还有哪些创新的例子"等问题,启发学生拓宽思路。通过积极回应学生的发言,教师能够调动学生参与的积极性,推动讨论不断向深入、向本质发展。

教师要把握讨论的节奏,在关键节点适时归纳、提炼。当讨论进入平台期,学生发言热情减退时,教师要及时归纳已有观点,提炼讨论成果,为下一轮讨论指明方向。这种适时总结不仅能帮助学生梳理思路、巩固认知,也能引导讨论走向深入。例如,当学生就"创新素质"展开充分讨论后,教师可以归纳出"敏锐的洞察力、开阔的视野、批判性思维、坚韧的意志"等关键词,引导学生在此基础上思考如何培育这些素质。善于把握讨论节奏的教师,能够带领学生在讨论中不断积累认识、更新思维。

教师还要注重讨论的收尾,引导学生内化讨论成果。一堂精彩的讨论课,应当在回顾和反思中落下帷幕。教师要引导学生总结讨论的收获,评价自己和他人的表现,反思讨论中暴露出的不足。通过这种元认知的训练,学生能够更好地掌握讨论的技巧和策略,内化从讨论中获得的知识见解,提升分析问题、解决问题的能力。同时,教师要虚心听取学生对讨论过程的评价建议,作为优化教学设计的依据。对讨论成果的内化和反思,是学生真正完成知识建构,实现能力提升的关键一步,教师应当予以充分重视。

第三节 讨论式教学法的应用技巧

一、提问技巧

(一)问题设计

在高校思想政治理论课教学中,问题设计是教师引导学生参与课堂讨论、激发思考和深化理解的关键环节。优质的问题能够吸引学生的注意力,调动其积极性,促进师生互动和生生互动,使课堂教学达到事半功倍的效果。缺乏针对性和启发性的问题则容易导致课堂气氛沉闷,学生参与度低,影响教学质量。因此,高校思政课教师必须重视问题设计,提升问题设计能力,将其作为教学的重要着力点。

从知识层面来看,问题设计应紧密结合教学内容,聚焦关键概念和原理。教师要深入研读教材,准确把握每一章节的核心要义,提炼出最具代表性和启发性的问题。这些问题不仅要覆盖知识要点,还要能够引发学生对相关理论的思考和质疑,激发其探究欲望。教师还可以设计一些开放性、发散性的问题,鼓励学生从不同角度阐述自己的见解,培养其独立思考能力和批判性思维。

从能力层面来看,问题设计应注重培养学生分析问题、解决问题的能力。在思政课教学中,教师要引导学生运用科学的立场、观点和方法分析现实问题,提出解决方案。因此,教师在设计问题时,要紧密联系社会热点和学生关切,引导学生运用所学知识思考现实问题。此外,教师还可以创设一些问题情境,设计角色扮演、情景模拟等体验式活动,让学生在亲身参与中提升理论运用能力和实践能力。

从情感态度层面来看,问题设计应注重引导学生树立正确的价值观念。思政课不仅要传授知识,更要对学生进行价值引领,帮助其形成正确的世界观、人生观和价值观。因此,教师在设计问题时,要充分考虑问题的价值导向,引导学生在讨论和思考中感悟真理、领会真谛。教师还可以设计一些体现社会主义核心价值观的问题情境,引导学生在讨论中内化价值理念,外化价值行为。

(二)提问方式

在高校思想政治理论课教学中,教师提问方式的不同会对学生的思考方式、学习兴趣产生不同的重要影响。科学、有效的提问方式能够启发学生主动探究问题的本质,培养其批判性思维和独立思考的能力。

开放性问题有利于拓宽学生的思路,引导其从多角度、多层面分析问题。这种问题没有标准答案,学生需要在已有知识的基础上进行分析、综合和评价,这有助于其深化对理论内容的领悟。

具有启发性和针对性的提问也是提高教学效果的关键。

启发性提问要求教师根据教学内容和学生特点,设计能够引发学生深入思考的问题。这些问题往往具有一定的难度和挑战性,但又不会超出学生的认知水平,能够激发其探究欲望。通过回答这些问题,学生能够加深对知识的认识,领悟其深刻内涵和现实意义。

针对性提问则要求教师根据学生的认知基础和思想状况,有的放矢地设计问题,引导学生运用科学的立场、观点和方法分析现实问题。针对性提问有助于把理论学习同现实思考结合起来,提升学生运用理论分析现实问题的能力。

(三)提问时机

恰当的提问时机是有效开展讨论式教学的关键。提问时机的选择应当以学生的认知水平和课堂氛围为依归,力求在恰当的时间点触发学生思维的火花,激发其探究和表达的欲望。教师需要在课前对教学内容进行深入研究和分析,预设合理的问题序列,并根据课堂互动的实际情况灵活调整提问节奏。

引导性提问可以在新授课前或复习环节使用,帮助学生回顾旧知,激活相关经验,为新知识的学习做好铺垫。这类提问应着眼于学生已有的认知基础,难度适中,富于启发性。例如,在讲授"社会主义核心价值观"这一主题前,教师可以提问:"同学们在日常生活中有哪些践行社会主义核心价值观的例子?让我们一起分享和讨论。"这样的问题有助于唤起学生的生活体验,引出话题,调动学生思考的积极性。

发散性提问适宜在新授课的中后段使用,其目的在于拓宽学生思路,引导其多角度、深层次地认识问题。这类提问往往没有固定答案,富于开放性和挑战性,需要学生运用批判性和创造性思维。例如,在分析当代大学生的理想信念状况时,教师可以抛出这样的问题:"你认为当代大学生在理想信念方面存在哪些值得关注的问题?产生这些问题的原因有哪些?我们又该如何应对和解决?"这一系列问题能引导学生透过表象看本质,主动思考问题的成因和对策,在交流碰撞中深化对问题的认识。

总结性提问多出现在课堂小结或复习巩固阶段,旨在帮助学生梳理知识脉络,提炼核心要义。这类问题侧重考查学生对知识的整合、归纳和运用能力。例如,在一堂探讨"理想信念与青年责任"的课程结束时,教师可以设问:"这堂课我们都讨论了哪些问题?你从讨论中获得了哪些启示?这些启示对你今后的人生发展有何指导意义?"通过回顾和提炼,学生能够加深对所学知识的理解,构建起系统完整的认知框架。

二、学生参与激励技巧

在高校思想政治理论课教学中,对学生参与的激励不仅关乎课堂教学效果的提升,也影响对学生综合素质的培养。因此,教师应高度重视这一环节,采取多种措施,调动学生参与讨论的积极性和主动性。

第一,教师要营造民主、平等、包容的课堂氛围。在讨论过程中,教师应尊重每一位学生的观点,鼓励他们畅所欲言,表达自己的看法。即使学生的观点存在偏差,教师也要耐心引导,而非简单地否定或批评。只有在宽松、愉悦的氛围中,学生才能摆脱思想束缚,产生参与热情。

第二,教师要精心设计讨论话题,提出富有吸引力和挑战性的问题。好的问题能够激发学生的好奇心和求知欲,引导他们开展深入思考和探究。例如,在探讨"中国精神"时,教师可以设问"中国精神的当代价值何在",鼓励学生联系实际,谈谈自己的认识和感悟。这些问题没有标准答案,需要学生动脑筋、想办法,在碰撞交流中加深对问题的理解。

第三,教师要灵活运用多种激励方式,增强学生参与的内在动力。物质激励和精神激励要相结合,既要给予适当的奖励,如课堂加分、小礼品等,也要注重精神上的赞扬和肯定。对于平时不太活跃的学生,教师更要给予鼓励,增强其自信心。此外,教师还可以组织一些小组竞赛、主题辩论等活动,在比学赶超中激发学生的参与热情。

第四,教师要树立"以学生为中心"的理念,关注每一位学生的个性特点和思想状态。对不同的学生,要采取不同的激励策略。有的学生善于表达,可以让他们多发言;有的学生思维敏捷,可以让他们多提问;有的学生感悟深刻,可以让他们多分享。

三、讨论氛围营造技巧

(一)积极氛围营造

积极的课堂讨论氛围是高校思想政治理论课教学取得成效的关键。良好的讨论氛围有利于激发学生的学习兴趣,调动其参与热情,推动其积极思考,主动发言,从而实现教学相长。营造积极的讨论氛围,需要教师在教学理念、课堂管理、教学方法等方面进行系统性的创新。

教师要树立以学生为中心的教学理念,充分尊重学生的主体地位,关注其认知特点和情感需求。在课堂讨论中,教师应平等对待每一位学生,耐心聆听不同声音,鼓励学生畅所欲言。要允许学生质疑、争辩,宽容学生观点的片面性和错误性,引导其在碰撞交流中不断修正和完善自己的认识。教师还要善于捕捉学生言语中的闪光点,及时给予赞赏和肯定,增强其表达的自信心和讨论的参与感。

科学的课堂管理是营造积极讨论氛围的重要保障。教师要合理设置讨论主题,确保其贴近学生生活实际,契合教学目标,富有思考价值。讨论主题过于空泛或者与学生认知严重脱节,都不利于对学生兴趣的激发和讨论的深入。教师还要精心设计讨论环节,把握讨论时机和时长。讨论时间过短,学生来不及思考、表达;讨论时间过长,又容易使课堂秩序松懈。因此,教师要根据教学内容和学生特点,灵活调控讨论节奏,在讨论广度和深度间把握平衡。同时,针对不同类型的讨论,要明确相应的程序规则,引导学生自觉遵守,确保讨论在有序、高效中进行。

创新教学方法是调动学生参与热情、营造活跃氛围的有力抓手。教师要根据教学内容和学情,灵活采用讨论式、辩论式、情景模拟等互动性教学方法,为学生创设探究、交流的机会和平台。尤其要注重运用启发式、探究式的教学策略,通过巧妙设问、悬疑设置等,诱发学生的好奇心和求知欲,引导其自主思考、积极表达。教师还可以根据需要,适时采用小组讨论的形式,发挥同伴教育的优势。

在小组内部,学生面对熟悉的同学,交流起来往往更加自如和深入。小组间的讨论又能激发集体荣誉感,使学生更加投入。

(二)互动氛围营造

在讨论式教学中,教师要积极促进学生之间的交流互动,营造良好的讨论氛围。富有洞察力的教师会敏锐地察觉到,单纯依靠教师与学生的互动是远远不够的。只有充分调动学生的主体性,鼓励学生彼此分享观点,相互质疑与探讨,才能真正激发他们的思维火花,实现更深层次的理解和内化。

为了促进学生互动,教师首先需要精心设计讨论主题和问题。选题应具有一定的开放性和挑战性,能引发学生的兴趣和思考。同时,问题设置要有梯度,从浅显的理解性问题逐步深入到分析性、评价性问题,引导学生逐步深化认知。在讨论过程中,教师要鼓励学生积极发言,勇于表达自己的观点。对于一些内向、不善言辞的学生,教师可以采取一些引导性的提问,帮助其组织语言,增强表达信心。

小组合作是促进学生互动的重要形式。教师可以根据讨论主题,将学生分成若干小组,给每个小组分配明确的探讨任务。在小组内部,学生通过头脑风暴、辩论等方式充分交流,集思广益,最后形成一致的观点。小组代表再向全班汇报讨论成果,接受其他小组的质疑和补充。这种"小组内合作,小组间互动"的模式,既发挥了每位学生的主动性,又促进了不同观点的交流碰撞。

(三)安全氛围营造

在讨论式教学中,营造让学生感到安全、受尊重的氛围,能够使其放下戒备,敞开心扉,积极参与讨论互动。安全感不仅意味着没有生理上的威胁,更意味着学生在表达观点时不必担心受到嘲笑或打击,在提出疑问时不必害怕被视为愚蠢。教师应该以开放、包容的态度对待每一位学生,尊重差异,欣赏多元。只有当学生感受到来自教师发自内心的关怀和信任时,才会对教师所创设的讨论情境沉下心来,以饱满的热情投入思考和交流。

讨论课是师生平等交流、碰撞思想火花的舞台。教师应该时刻提醒自己，要做一个虚心好学的学习者，和学生一起探索未知，在真诚、坦率的对话中获得成长。这就要求教师在讨论中不轻易摆出权威姿态，更多地以引导者和合作者的身份参与，鼓励学生畅所欲言，倾听学生的心声。即便学生的观点有偏差或不够成熟，教师也要耐心引导，循循善诱，而非简单地强加否定或纠正。

第四节　讨论式教学法在思政理论课教学中的应用

一、讨论式教学法在课程设计中的应用

(一)课程目标设定

课程目标的设定是高校思想政治理论课教学设计的逻辑起点和基础。科学、合理的课程目标为教学活动提供了明确的方向和具体的路径，是保证教学质量、实现育人目的的关键所在。在讨论式教学法的应用中，课程目标的设定尤为重要。这是因为，讨论式教学不同于传统的灌输式教学，它强调以学生为中心，注重学生的主动参与和互动交流。在这种教学模式下，如果没有明确、具体的课程目标作为引领，教学活动就可能变得松散、随意，难以达成预期的教学效果。具体而言，讨论式教学法在思政课程目标设定中应把握以下几点。

其一，课程目标要符合思政课的学科属性和育人要求。作为思想教育的主阵地和主渠道，思政课肩负着坚定学生理想信念、厚植爱国主义情怀、加强品德修养、增长知识见识、培养奋斗精神、增强综合素质的重要使命。因此，课程目标的设定必须紧紧围绕这一根本任务，切实增强教学的政治性、思想性和亲和力。

其二，课程目标要体现讨论式教学的特点和优势。讨论式教学注重引导学生进行探究性学习，鼓励学生表达观点、交流思想、碰撞智慧。这就要求课程目标的设定要为学生的主动思考和互动交流预留空间，关注对学生批判性思维、创新意识、沟通能力等关键能力的培养，避免将目标局限于知识的传授和记忆。

其三，课程目标要具有针对性和可操作性。针对性是指目标设定要充分考虑学生的认知特点、兴趣爱好、价值取向等因素，努力做到因材施教、有的放矢。

其四，课程目标的设定应注意目标之间的内在联系和合理搭配。一门课程往往包含多个教学目标，涵盖知识目标、能力目标、情感态度和价值观目标等不同维度。这些目标不是孤立存在的，而是相互关联、相互促进的。例如，学生只有掌握了扎实的理论知识，才能在讨论、辩论中形成独立见解，提出有价值的观点；而讨论交流的过程又能加深学生对知识的理解，促进知识向能力的转化。

（二）课程结构安排

课程结构的合理安排是实现讨论式教学法教学目标的重要保证。在高校思想政治理论课教学中，教师应根据课程内容和教学对象，科学设计课程结构，为讨论式教学法的有效实施奠定基础。

在课程结构安排中，教师应注重理论与实践的紧密结合。思想政治理论课蕴含着丰富的哲学思辨、价值引领等抽象理论内容，如果教学过于抽象空洞，学生容易产生认知困难和学习倦怠。因此，教师应积极将理论知识与社会现实、学生生活实际相联系，通过设置贴近学生生活的讨论议题，引导学生运用理论分析现实问题，在理论与实践的反复交互中加深对理论的理解和认同。

在课程结构安排中，教师应重视横向与纵向的有机衔接。一方面，教师应注意不同章节、不同主题之间的横向联系，帮助学生构建起完整的知识体系。通过凸显章节主题间的内在逻辑，设计环环相扣的讨论议题，引导学生探寻知识点之间的联系，教师能够帮助学生完善头脑中的"知识地图"，实现不同理论知识的融会贯通。另一方面，教师应关注理论教学与学生成长发展的纵向衔接。思想政治理论课的根本任务是立德树人，促进学生全面发展。因此，在设计课程结构时，教师应紧密围绕学生成长面临的现实问题，因材施教，因势利导。通过设置不同层次、不同类型的讨论议题，教师可以有针对性地回应学生在世界观、人生观、价值观形成过程中的困惑和迷茫，引导学生在讨论交流中实现自我教育、自我提升，促进学生积极健康成长。

在课程结构安排中，教师应注重灵活性和开放性。思想政治理论课教学对象的思想状况千差万别,教学内容本身也具有鲜明的时代性。因此,固定僵化的课程结构难以适应学生多样化的需求和时代发展的要求。教师应根据教学实际和学情特点,及时调整课程结构,为学生创设开放、民主、平等的讨论环境。一方面,教师可以为学生留出自主选择讨论议题的空间,鼓励学生结合自身兴趣提出讨论话题;另一方面,面对社会热点问题和学生关注的现实问题,教师应灵活调整授课计划,及时组织讨论交流,引导学生在讨论中学会用科学理论分析问题,用辩证思维看待问题,树立正确的世界观、人生观和价值观。

二、讨论式教学法在课堂教学中的应用

(一)讨论环节设置

讨论环节是实现讨论式教学的关键所在。在讨论式教学中,教师应根据教学目标和内容,精心设计和组织讨论活动,营造民主、平等、开放的讨论氛围,引导学生积极思考、敢于发言、善于倾听,在讨论中加深对知识的理解,提升分析问题和解决问题的能力。为了保证讨论的有效性和针对性,教师需要根据不同教学内容和学生特点,灵活采用多种讨论形式。常见的讨论形式包括小组讨论、师生互动、角色扮演、辩论等。

小组讨论是较为常用的一种形式,教师将学生分成若干小组,每组围绕某一话题展开讨论。在讨论过程中,小组成员各抒己见,相互启发,共同探讨问题的解决方案。这种讨论形式有利于调动每一位学生的参与积极性,培养其团队协作意识和表达能力。

师生互动强调教师与学生之间的平等交流和思想碰撞。教师可以通过提问、点拨等方式引导学生思考,启发学生从多角度、多层次分析问题。学生则可以与教师对话,表达自己的疑惑和见解,在交流中获得启发和提高。

角色扮演是一种极具创新性和趣味性的讨论形式。教师为学生设置特定情境和角色,学生通过扮演不同角色,体验角色的处境和心理,以此加强对所学知识的理解和运用。例如,在学习社会主义市场经济相关内容时,教师可以组织学

生扮演生产者、消费者、政府工作人员等不同角色,讨论如何处理各方利益关系,实现经济的健康运行。

辩论是一种能够充分激发学生思辨能力和批判性思维的讨论形式。教师精心选择具有争议性的辩题,组织学生分成正反两方进行辩论。在辩论过程中,学生需要搜集资料,组织论据,驳斥对方观点,这有助于其全面思考问题,形成理性、成熟的价值判断。

讨论环节的设置需要考虑诸多因素,切忌流于形式或脱离教学实际。其一,讨论话题的选择要紧扣教学目标,与教学内容密切相关,能够引发学生兴趣和思考。空泛、跑题的讨论只会浪费宝贵的教学时间,无法实现预期目标。其二,讨论的时间安排要恰当,既不能过于短暂,让讨论流于表面,也不宜过长,占用过多教学时间。教师要根据学生实际情况和讨论话题难易程度,合理把控讨论时长。其三,教师要为学生营造良好的讨论氛围。民主、友善、包容的讨论环境有助于学生畅所欲言,相互启发。

(二)课堂互动技巧

课堂互动技巧是指教师在教学过程中,为实现教学目标而采取的一系列引导、启发、激励等措施。运用得当的互动技巧能够有效加强师生之间、生生之间的交流,促进学生深度参与课堂讨论,提升教学效果。

教师应当创设开放、平等的讨论环境,鼓励学生畅所欲言,勇于表达自己的观点。这就要求教师以开放、包容的态度对待学生的发言,尊重学生的个体差异,避免对学生的观点进行简单的判断和评价。教师还应当通过提问、点拨等方式引导学生深入思考,帮助其厘清思路,形成自己的观点。例如,面对学生提出的问题或观点,教师可以追问"为什么这么认为""还有没有其他的理解"等,引导学生进一步阐述自己的想法,加深对问题的理解。

教师应当灵活运用多样化的互动方式,增强课堂讨论的吸引力和参与度。除了传统的提问、发言等方式,教师还可以采用小组讨论、角色扮演、辩论等形式,让学生在互动中积极思考、表达、交流。例如,在探讨社会热点问题时,教师可以组织学生进行"正反方"辩论,让学生分别从不同的角度阐述观点,通过碰撞交流加深对问题的认识。在分析案例时,教师可以设置不同的角色,让学生代入其中,体验不同立场下的思考和感受。这些互动方式不仅能够活跃课堂气氛,还能促进学生多角度、全方位地认识问题。

教师应当关注学生的情感体验,营造积极、愉悦的互动氛围。学生在轻松、愉悦的环境中更容易放下戒备,投入讨论之中。为此,教师应当注重语言表达的艺术性和亲和力,用富有感染力的语言鼓舞学生,用真诚、友善的态度对待学生。教师还应当适时运用幽默、风趣的语言,缓解学生的紧张情绪,拉近师生距离。当学生的发言出现偏差时,教师也应当给予积极的引导,帮助其修正错误,而非简单地否定和批评。

三、讨论式教学法在课后辅导中的应用

(一)课后讨论延伸

课后讨论是课堂教学的延伸和补充,在深化学生对思想政治理论课内容的理解,提升其批判性思维能力方面发挥着重要作用。通过精心设计和组织课后讨论活动,教师可以引导学生在课堂知识学习的基础上进一步拓宽思路、深化认识,将知识内化为认知,认知外化为行为。

具体而言,教师可以根据教学内容和学情特点,灵活采用多种形式开展课后讨论。一种方式是基于课堂所学知识设置开放性问题,鼓励学生查阅资料、展开探究,形成自己的观点。这个过程不仅能够帮助学生巩固课堂所学,深化对重点、难点问题的理解,也能培养其独立思考、勇于质疑的能力。

另一种有效的课后讨论形式是案例分析。教师精选与教学内容相关的典型案例,引导学生运用科学的立场、观点和方法分析问题,解决问题。在讨论过程中,学生不仅能够加强对理论知识的理解和运用,还能提升运用理论分析和解决实际问题的能力。

(二)个性化辅导方法

个性化辅导是讨论式教学法中不可或缺的重要环节,它旨在充分尊重学生

的个体差异,为其提供有针对性的学习支持和指导。在思想政治理论课教学中,实施个性化辅导不仅有利于提升教学质量,也有利于促进学生全面发展,帮助其树立正确的世界观、人生观和价值观。

个性化辅导的首要任务是深入了解学生的学习状况和思想动态。教师应该通过多种渠道,如课堂观察、问卷调查、个别谈话等,全面收集学生的学习需求、认知特点、性格特征等信息。只有在全面了解学生的基础上,教师才能有的放矢地开展个性化辅导,提供切合学生实际的学习帮助。例如,对于学习基础薄弱的学生,教师可以通过补充讲解、梳理知识脉络等方式帮助其夯实基础;对于学有余力的学生,教师则可以提供拓展性学习资料,引导其深入探究学科前沿问题。

在个性化辅导过程中,教师还应注重因材施教,根据学生的认知风格、兴趣爱好等采取恰当的教学策略。例如,对于偏好抽象思维的学生,教师可以多使用概念图、逻辑推理等方式帮助其理解和内化知识;而对于偏好形象思维的学生,教师则可以运用丰富的案例、视频等素材激发其学习兴趣。教师还要关注学生的情感需求,营造温暖、包容的师生关系,让学生感受到来自教师的关爱和支持,从而更加积极主动地投入学习。

个性化辅导还应服务于学生全面发展的目标,既注重思想政治觉悟和道德品质的提升,也关注其综合素质的养成。在辅导过程中,教师应引导学生将所学知识内化为正确的价值取向和道德原则,将社会主义核心价值观落实到日常言行中。教师还要鼓励学生积极参与社会实践和志愿服务,在实际行动中践行所学所悟,提升思想境界和综合素质。

第三章　高校思想政治理论课之互动式教学法

第一节　互动式教学法的特点与类型

一、互动式教学法的特点

(一)学生主体性

学生主体性是互动式教学法的重要特点。这一特点体现了现代教育以学生为中心、尊重学生个体差异、注重学生全面发展的理念。在互动式教学中,教师是学生学习的引导者、促进者和合作者。教师需要充分尊重学生的主体地位,鼓励学生积极参与教学活动,勇于表达自己的观点,展现自己的才能和个性。

互动式教学为学生提供了广阔的舞台和丰富的机会,让他们在实践中学习和成长。学生可以通过小组讨论、角色扮演、情景模拟等形式,主动探索知识,锻炼能力,培养品格。在这个过程中,学生的独立思考能力、表达交流能力、团队协作能力都能得到提升。他们不再是被动的知识接受者,而是学习的主人,能够根据自己的兴趣爱好和发展需求,自主地选择学习内容和方式,掌控自己的学习进程。

(二)教师引导性

在互动式教学法中,教师需要充分发挥引导作用。教师不再是知识的权威传授者,而是学生学习过程中的引导者、协助者和促进者。教师需要精心设计教学内容和活动,为学生创设探究、对话、交流的情境,激发其主动参与的热情。在互动过程中,教师要善于提出启发性问题,引导学生进行深入思考和讨论。通过点拨疑难、解惑释疑,教师能帮助学生建构起完整的知识体系,提升其分析问题、解决问题的能力。

教师还应成为学生情感、态度、价值观培养的引路人。在平等、民主的师生互动中,教师应以自己的人格魅力感染学生,以高尚的道德情操塑造学生,引导其形成正确的世界观、人生观和价值观。教师要善于倾听,尊重学生的个体差异,关注每一位学生的成长需求。教师要通过亲身示范,引导学生学会如何与人沟通、合作,如何表达己见、尊重他人,从而促进其健康人格的形成。

教师引导性的发挥需要其具备较高的专业素养和教学智慧。教师要全面把握教材内容,深入挖掘教材中的育人元素,将价值引领渗透到知识传授的全过程。要研究学生的身心发展特点,了解学生已有的知识基础和认知水平,据此设计符合学生兴趣和需求的教学活动。此外,教师还要不断更新教育理念,学习现代信息技术,创新教学模式和方法,为学生提供更加丰富多元的学习体验。

(三) 互动多样性

互动式教学法的一大特点是互动形式的多样性。教师可以根据教学内容、学生特点、课堂环境等因素,灵活选择和设计多种互动方式,以激发学生的学习兴趣,调动其参与热情。例如,教师可以组织师生问答、小组讨论、角色扮演、情景模拟等活动,引导学生积极思考,主动表达自己的观点。这些互动不仅能够活跃课堂氛围,增强教学的趣味性,还能促进师生之间、生生之间的平等交流,营造民主、融洽的课堂环境。

互动多样性还体现在互动媒介的丰富性上。在信息技术日新月异的今天,教师可以利用网络平台开展教学互动,突破时空限制,拓展教学时空。学生可以通过网络随时随地与教师和同学进行交流、讨论,分享学习心得,解决学习困惑。教师还可以利用多媒体教学设备播放视频、动画等教学资源,创设生动形象的教学情境,吸引学生的注意力,调动其多感官参与学习。这种多媒体互动不仅能够直观地呈现教学内容,加深学生的理解和记忆,还能培养学生的创新意识和实践能力。

互动多样性还要求教师关注学生的个体差异,因材施教。每位学生的知识基础、兴趣爱好、学习风格都有所不同,教师要尊重这种差异,设计多元化的互动方式,满足不同学生的学习需求。例如,对于内向、不善言辞的学生,教师可以通过书面互动、绘画互动等方式鼓励其表达思想;对于好动、思维活跃的学生,教师可以通过小组合作、情景模拟等方式发挥其特长。

二、互动式教学法的类型

(一)讨论式互动

讨论式互动是一种富有成效的互动式教学方式,它通过引导学生积极思考、主动发言,激发其探索欲望和创新潜能,培养其批判性思维和语言表达能力。在讨论式互动教学中,教师不再是知识的权威传授者,而是学习的引导者和促进者。教师精心设计讨论主题,提出具有启发性和挑战性的问题,鼓励学生畅所欲言,表达自己的观点。在这个过程中,学生不仅能够深化对知识的理解,还能锻炼口头表达、逻辑论证等关键能力。

讨论式互动的关键在于营造平等、开放、互信的课堂氛围。教师应以平等的姿态参与讨论,耐心聆听每一位学生的发言,及时鼓励,适时点拨。教师还应注重引导学生相互倾听、相互尊重,学会换位思考,以开放包容的心态对待不同观点。只有这样,学生才能放下思想负担,敢于表达真实想法,在碰撞交流中产生思维的火花。

讨论式互动的形式和内容可以灵活多样,但都应紧扣教学主题,突出能力培养目标。例如,教师可以就某一重大理论问题组织专题讨论,引导学生运用所学知识分析问题,阐明观点,论证立场;也可以设计问题情境,将学生代入特定角色,就给定情境中的问题各抒己见,激烈辩论。这些讨论不仅能够帮助学生深入理解复杂抽象的理论知识,还能提升其分析问题、解决问题的实践能力。

(二)角色扮演式互动

角色扮演式互动是互动式教学法的重要类型,它通过创设特定情境,让学生扮演不同角色,在角色体验中获得知识,培养能力,塑造情感态度。在高校思想政治理论课教学中,运用角色扮演式互动能够显著提升教学效果,促进学生全面发展。

从知识传授的角度来看,角色扮演式互动有助于加深学生对思想政治理论知识的理解。设计贴近学生生活实际的情境,让学生置身其中,亲身感受理论知识的现实意义,能够使枯燥抽象的概念原理变得生动具体,帮助学生建立起知行合一的认知结构。例如,在学习社会主义核心价值观时,教师可以设计"模拟村委会换届选举"的角色扮演,让学生扮演村民、候选人等角色,在竞选演说、投票等环节中体会民主、公正等价值理念的重要性。类似的教学设计不仅能够激发学生的学习兴趣,调动其主动性,还能促进理论知识向实践智慧的转化,真正做到学以致用。

从能力培养的角度来看,角色扮演式互动是锻炼学生多项关键能力的有效途径。在角色扮演过程中,学生需要根据所扮演角色的特点来思考问题,这有助于培养其换位思考等能力;同时,学生需要搜集相关资料,撰写角色台词,这有助于提高其资料检索、文字表达等能力;此外,学生在角色互动中需要迅速反应,灵活应对,这有助于锻炼其临场应变、语言表达等能力。大多数角色扮演活动都是小组合作完成的,学生之间必须明确分工,协调配合,相互支持,这有助于在潜移默化中培养学生的团队协作意识和集体主义精神。

(三) 小组合作式互动

小组合作式互动是高校思想政治理论课实现互动式教学的重要方式,它强调学生在小组内的协作探究。小组合作式互动通过成员之间的平等对话和思维碰撞,实现知识的生成性建构。在小组合作中,学生需要主动参与问题解决和意义建构的过程。这种参与性学习有利于调动学生的积极性,发挥其主体性,激发其创新思维。

从认知建构的视角来看,小组合作为学生提供了一个开放、平等的互动环境。在这一环境中,学生可以畅所欲言,表达自己的观点和疑惑。通过与他人观点的对比和反思,学生能够不断修正、完善自己的认知结构,实现知识的同化和顺应。在合作探究中,学生还能够接触到不同的思维方式和解决问题的策略,拓宽思路,启发灵感。这种交互性的认知建构有助于学生形成批判性思维和创新能力。

从社会建构的视角来看,小组合作为学生搭建了一个互助、分享的人际关系网络。在协作过程中,学生需要相互倾听,尊重彼此的观点,学会换位思考、求同存异。这种积极的社会互动有利于培养学生的沟通表达能力、团队协作意识和民主包容精神。小组成员之间的言语交流和情感交流也能够增进彼此的了解,促进心理健康。

从实践应用的视角来看,小组合作为学生创造了亲身参与、动手实践的机会。在合作探究中,学生需要运用所学知识分析现实问题,提出解决方案,并付诸实施。这一过程不仅能够加深学生对理论知识的理解,还能提升其分析问题、解决问题的实践能力。在方案实施的过程中,学生还能够深切感受理论联系实际的重要性,树立社会责任感。这种循环往复的实践应用有助于学生形成正确的世界观、人生观和价值观。

第二节 互动式教学法的设计与实施

一、互动式教学法的教学目标设定

(一)知识目标

高校思想政治理论课的知识目标应着眼于思想政治教育基本原理和基本内容,帮助学生深入理解和把握其精神实质、理论品格和实践要求。一方面,教师要引导学生准确掌握马克思主义哲学、政治经济学、科学社会主义等重要理论的基本概念、基本原理,厘清其内在逻辑关系,构建起系统完整的理论知识体系。另一方面,教师应重点讲解中国共产党领导人民在各个历史时期形成的重要思想理论成果,使学生深刻领会思想政治的理论逻辑、历史逻辑和实践逻辑。

高校思想政治理论课的知识目标还应涵盖中国特色社会主义和中国梦的内涵,"四个自信"的基本内容,社会主义核心价值观的重要意义和实践要求,以及世情、国情、党情等重大现实问题。通过系统学习这些内容,学生不仅能够全面把握当代中国发展进步的历史必然性和发展方向,深刻认识中国共产党领导和中国特色社会主义制度的显著优势,还能进一步坚定为实现中华民族伟大复兴的中国梦而不懈奋斗的远大理想。

高校思想政治理论课知识教学的最终目的是推动学生将知识内化为科学的世界观、人生观和价值观,外化为正确的政治立场和思想行为。为此,教师在设定知识目标时,应注重培养学生运用科学的立场、观点和方法分析问题的能力。一是要引导学生运用科学的世界观和方法论,主动思考人生发展和社会发展中的重大问题,逐步确立正确的人生目标和崇高的理想信念。二是要帮助学生掌握运用思想政治理论分析和解决实际问题的能力,提高利用科学理论指导社会实践、推动社会进步的本领。三是要引导学生培养运用批判性思维明辨是非、分清真伪的意识和能力,自觉抵制各种错误思想,在复杂多变的环境中保持清醒头脑和政治定力。

(二)能力目标

能力目标是高校思想政治理论课的重要组成部分,它强调学生在学习过程中知识、技能和态度的整合与应用。相较于传统的知识传授,能力培养更加注重学生的主动参与和实践锻炼,旨在提升其分析问题、解决问题的综合能力。

在设定能力目标时,教师需要立足课程特点,从学生发展的全局出发,精心设计富有层次性和挑战性的教学活动。例如,在学习思想政治教育基本原理时,教师可以引导学生运用唯物辩证法分析社会现象,培养其辩证思维能力;在学习中国近现代史纲要时,教师可以组织学生开展田野调查,访谈历史亲历者,提升其历史研究能力;在学习思想道德修养与法律基础时,教师可以设置模拟法庭,让学生扮演不同角色,锻炼其语言表达与人际沟通能力。

能力目标的实现离不开学生的自主学习和实践探索。因此,教师在教学中要充分尊重学生的主体地位,为其提供表达观点、展示才华的平台。通过小组合作、课堂讨论、社会实践等形式,激发学生的求知欲望,调动其学习积极性,引导其在实践中加深对理论知识的理解,提升运用知识分析和解决问题的能力。教师还要注重学习过程的反思和评价,帮助学生及时发现不足,改进学习策略,形成良性的能力提升闭环。

(三)情感目标

情感目标的设定对于高校思想政治理论课的教学具有重要意义。从本质上说,思想政治教育不仅是对知识的传授,更是对价值观念、道德情操的引导和塑造。只有充分重视学生的情感体验,引导其形成正确的情感态度和价值取向,才能真正实现思想政治教育的内在要求,达到立德树人的根本目的。

情感目标的设定需要充分考虑思想政治理论课的特点和学生的心理发展规律。一方面,思想政治理论课涉及思想政治教育基本原理、中国特色社会主义理论体系等高度抽象的理论知识,学生在学习过程中容易产生难以理解的感受。因此,教师在设定情感目标时,要注重引导学生体验理论学习的乐趣,激发其探究真理的热情,帮助其树立对思想政治理论的信仰和对社会主义核心价值观的认同。另一方面,大学阶段是学生情感心理快速发展的关键时期,他们的情感体验具有强烈性、丰富性、多变性等特点。教师要充分把握这一特点,因材施教,在教学中设计富有感染力和吸引力的情境,引导学生在情感体验中加深对理论的理解,实现情感和认知的良性互动。

在具体设定情感目标时,教师要把握好目标的层次性和针对性。思想政治理论课的情感目标可以分为爱国主义情感、集体主义情感、劳动光荣情感、诚信友善情感等不同层次。针对不同专业、不同年级的学生,教师要根据其情感发展特点,有的放矢地设定情感目标。例如,对于低年级学生,教师可以侧重培养其爱国主义情感,激发其报效祖国的热情;而对于高年级学生,教师则可以更加注重引导其形成正确的职业价值观,树立诚信守法、爱岗敬业的品质。只有做到因材施教、循序渐进,才能真正实现情感目标的育人功能。

二、互动式教学法的教学内容选择

教学内容的选择决定了教学活动的针对性和实效性,直接影响学生的学习兴趣和参与度。在选择教学内容时,教师要立足课程标准和教学大纲,把握思想政治理论课的学科特点,遵循教学规律和学生认知发展规律,努力实现知识传授与价值引领的有机统一。具体而言,教学内容的选择应该体现以下方面的要求。

第一,聚焦思想政治理论体系的主干内容。思想政治理论课必须以思想政治教育基本原理为根本遵循,重点讲授辩证唯物主义和历史唯物主义、政治经济学、科学社会主义等重大理论成果。

第二,紧密联系社会现实和学生实际。空洞抽象的理论讲授既难以引起学生共鸣,也无法激发其学习兴趣。因此,在选择核心内容时,教师要积极回应学生关心的现实问题,引导其运用科学的立场、观点和方法分析和解决实际问题。例如,在讲授社会主义市场经济理论时,可以结合当前我国经济发展面临的机遇和挑战,引导学生思考如何坚持和完善中国特色社会主义制度,推动高质量发展。在阐释社会主义核心价值观时,可以联系学生的个人成长与职业发展需求,启发其将家国情怀内化为人生追求。

第三,体现时代性和前瞻性。当代中国正处在实现中华民族伟大复兴的关键时期,国内外形势正在发生深刻复杂的变化。面对新形势新任务,思想政治理论课必须与时俱进,主动融入和引领时代潮流。一方面,教师要及时把党的创新理论成果转化为教学内容,用习近平新时代中国特色社会主义思想武装学生头脑,指导学生实践;另一方面,教师要着眼未来,引导学生正确认识世界发展大势,把握人类社会发展规律,增强民族自豪感和文化自信,勇担历史重任。

三、互动式教学法的教学活动设计

(一)课堂讨论

课堂讨论作为一种互动式教学法,在高校思想政治理论课教学中发挥着重要作用。它通过教师与学生、学生与学生之间的平等对话和思想交流,激发学生的主动性和参与性,培养其批判性思维和创新能力,进而提升思政课教学的针对性和实效性。

课堂讨论的核心在于营造民主、平等、开放的课堂氛围。在讨论过程中,教师应尊重学生的主体地位,鼓励其自由表达观点,碰撞思想火花。教师还要引导学生辩证地看待问题,学会换位思考,增进相互理解。只有在平等互信的环境中,学生才能敞开心扉,畅所欲言,真正成为学习的主人。

话题的选择是课堂讨论的关键。好的话题应该贴近学生生活实际,回应其思想困惑,引发其情感共鸣。例如,在讲授社会主义核心价值观时,教师可以设置"如何看待当代大学生的价值观"这一话题,引导学生结合自身体验,探讨价值观形成的途径和意义。类似的话题不仅能够激发学生的讨论热情,还能帮助其将理论知识内化为情感认同和价值追求。

讨论的组织与实施是保证课堂讨论教学成效的重要环节。为了使讨论有的放矢,教师应根据教学目标和话题特点,精心设计讨论环节。一般而言,讨论前要明确议题和规则;讨论中要引导学生深入思考,积极互动;讨论后要归纳不同观点,评价学生表现。教师还可以采取小组讨论、辩论赛、情景模拟等灵活多样的形式,调动学生的积极性和创造力。

(二)小组合作

小组合作是互动式教学法中最常见、最有效的教学活动之一。它通过将学生分成若干小组,给予学生明确的任务和目标,鼓励组内成员通力合作、集思广益,来实现知识的内化和能力的提升。在高校思想政治理论课教学中,合理运用小组合作教学策略,有助于调动学生的学习积极性,培养学生的合作意识和创新精神。

小组合作的核心在于任务驱动和角色分工。教师应根据教学内容和学生特点,精心设计小组任务,明确任务目标、完成步骤和评价标准。任务应具有适当的难度和挑战性,既要激发学生的探究欲望,又要避免因任务过难而打击学生的积极性。同时,小组成员应根据各自的特长和兴趣进行合理分工,明确各自的角色定位和责任边界。角色分工不仅能提高任务完成效率,也能让每位学生都有机会参与、表现和锻炼,获得成就感和归属感。

在小组合作过程中,教师要充分发挥引导者和协调者的作用。一方面,教师要适时介入小组讨论,提供必要的指导和反馈,帮助学生厘清思路,突破难点。另一方面,教师要关注小组内部的互动情况,及时化解可能出现的矛盾和分歧,营造民主、包容、互助的小组氛围。教师还应鼓励小组成员开展头脑风暴,相互启发、补充和质疑,以辩论的方式碰撞思想火花,生成集体智慧。

小组合作的成果展示和评价反馈也至关重要。成果展示不仅能检验学习效果,也能促进小组间的交流学习。教师可以采用多样化的展示形式,如小组汇报、辩论赛、知识竞赛等,调动学生的参与热情。在成果展示环节,教师应明确评价标准,客观公正地点评每个小组的表现,既肯定优点,又指出不足。

(三)角色扮演

角色扮演作为一种体验式学习方式,在互动式教学法中占据重要地位。通过设定特定情境,让学生扮演不同角色,学生可以在"假定情境"中获得"真实体验",加深对知识的理解。角色扮演不仅能够激发学生的学习兴趣,调动其参与热情,还能培养学生换位思考、团队协作等关键能力。

从认知层面来看,角色扮演有助于学生建构完整的知识体系。在扮演过程中,学生需要根据角色定位搜集相关资料,梳理人物关系,厘清事件发展脉络。这个过程实质上是学生主动整合课程知识、拓展相关信息的过程。通过将分散的知识点串联起来,学生能够更加系统、深入地认识所学知识,形成结构化的认知图式。在角色互动中,学生还能发现知识的层次关系和内在联系,加深对重点难点的理解,提高分析问题、解决问题的能力。

从情感态度层面来看,角色扮演是学生体验情感、塑造价值观的重要途径。在代入角色的过程中,学生能够身临其境地体会人物的喜怒哀乐,感受人物所处时代的社会风貌。这种身临其境的体验,能够使学生在情感上产生共鸣,在态度上形成认同。以思政课为例,通过扮演革命先烈、时代楷模等角色,学生能够直观地感悟信仰的力量、榜样的力量,在潜移默化中坚定理想信念,厚植爱国情怀。由此可见,恰当的角色设置,能引导学生在体验中追寻真善美,在互动中坚守正确价值取向。

从能力培养层面来看,角色扮演是学生综合素质提升的有效方式。一方面,角色扮演需要学生根据角色特点,选用恰当的语言、手势、表情来塑造人物,这对学生口头表达、肢体语言运用等表达能力提出了更高要求。另一方面,角色扮演往往以小组为单位进行,学生需要与小组成员协调分工,共同讨论,在合作中提升组织协调、沟通表达等能力。可以说,角色扮演为学生提供了一个锻炼口才、培养默契、强化合作的平台,为其全面发展奠定了基础。

四、互动式教学法的教学资源配置

(一)教学设备

教学资源是教育教学活动得以顺利开展的物质基础,其质量和配置水平直接影响教学效果。在互动式教学中,合理配置教学设备不仅能为师生互动提供便利条件,还能激发学生的学习兴趣,提升教学的针对性和实效性。

多媒体教学设备是开展互动式教学的重要工具。计算机、投影仪、电子白板等设备能够创设生动、形象的教学情境,将抽象的理论知识转化为直观的视听感受,帮助学生理解和掌握复杂概念。多媒体设备还能够呈现丰富多彩的教学资源,如图片、视频、动画等,满足学生多样化的认知需求。借助多媒体设备,教师可以设计探究性、开放性的学习任务,引导学生自主思考、协作交流,充分调动其学习主动性。

移动智能设备也是互动式教学不可或缺的助手。智能手机、平板电脑等设备便于携带,能够随时随地获取教学资源,拓展学习时空。教师可以利用移动设备布置预习任务、组织课堂讨论、开展在线测评等,实现课前、课中、课后全流程的互动交流。学生也可以通过移动设备查阅资料、分享见解,开展合作学习,极大地丰富了教学形式,提高了学习效率。此外,移动设备还能够记录学生的学习行为和过程性数据,为教师提供及时、全面的反馈,从而帮助教师优化教学决策。

(二)教学材料

高质量的教学材料不仅能够为教师备课提供丰富的素材,还能激发学生的学习兴趣,引导其主动探究知识。在信息技术迅猛发展和教育理念不断更新的背景下,深入探讨互动式教学法中教学材料的类型、特点及其开发利用,对于创新教学模式、提升教学效果具有重要意义。

从类型上看，互动式教学法所使用的教学材料呈现出多样化的特点。除了传统的教材、课件等，还包括各类案例、视频、动画、虚拟仿真等数字化资源。这些材料形式新颖，内容丰富，能够多角度、多层次地呈现教学内容，满足学生的多元化需求。以案例材料为例，教师可以选取与教学主题密切相关，具有典型意义的真实案例，引导学生分析问题、解决问题，从而加深对理论知识的理解。

从特点上看，互动式教学法中的教学材料应该具有互动性、开放性和挑战性。所谓互动性，是指教学材料能够引发师生之间、生生之间的交流与讨论，促进多向度的信息传递与反馈。例如，教师可以提供一些开放性问题，鼓励学生发表自己的看法，引导其展开争辩和思考。所谓开放性，是指教学材料不局限于某一固定的知识点，而是与社会实际、学科前沿紧密结合，体现知识的不确定性和发展性。这要求教师在备课过程中广泛搜集材料，对教材内容进行适当拓展和更新，引导学生探索知识的边界。所谓挑战性，是指教学材料能够为学生提供难度适中的问题情境，激发其探究欲望和求知欲。教师可以根据教学目标和学情，精心设计一些富有挑战性的任务，鼓励学生创造性地解决问题，在克服困难的过程中实现自我超越。

在教学材料的开发和利用上，教师应该坚持以学生为中心，注重实际应用的原则。一方面，教师要全面了解学生的认知特点、学习需求，有针对性地选择和设计教学材料，提供个性化的学习支持。例如，教师可以通过问卷调查、访谈等方式，掌握学生的知识基础、兴趣爱好，从而提供契合其需求的学习资源。另一方面，教师应该注重教学材料与社会实践的紧密联系，引导学生将所学知识运用于解决现实问题。

（三）数字资源

数字资源具有海量性、多样性、交互性等独特优势，为教师实施个性化教学、开展探究式学习提供了丰富的素材和广阔的空间。教师可以根据教学需要，有针对性地选择和整合数字资源，设计形式多样、内容丰富的教学活动，激发学生的学习兴趣和主动性。数字资源还能够突破时空限制，让学生随时随地开展自主学习，拓宽知识视野，提升自学能力。

数字资源的配置需要遵循科学性、适切性、多样性的原则。其一,教师要立足课程目标和教学内容,选择高质量、权威性的数字资源,确保其科学性和准确性。其二,数字资源的难易程度、呈现方式要与学生的认知水平相适应,既要有助于学生理解和掌握知识,又要给学生留有思考和探究的空间。其三,数字资源的类型要丰富多样,包括文本、图像、音频、视频、虚拟仿真等,以满足不同学习风格学生的需求,提供多感官、立体化的学习体验。

在实际教学中,教师要合理设计数字资源的使用环节,优化资源的呈现方式和教学流程。可以利用数字资源导入新课,创设情境,激发学生的好奇心和探究欲望;可以利用数字资源辅助教学,通过图文并茂的演示、形象生动的视频等加深学生对抽象概念的理解;可以利用数字资源巩固练习,通过在线测试、互动游戏等帮助学生及时消化和运用所学知识;还可以利用数字资源拓展延伸,引导学生课后利用网络资源开展自主探究,培养其分析问题、解决问题的能力。

第三节 互动式教学法在思政理论课教学中的应用

一、互动式教学法在课堂讨论中的应用

(一)讨论主题选择

讨论主题的选择是互动式教学法在课堂讨论中应用的关键环节。它直接影响学生的参与度、讨论的深度和广度,以及教学目标的达成。在选择讨论主题时,教师需要综合考虑课程目标、学生特点、社会热点等因素,精心设计富有挑战性和启发性的问题,激发学生的思考欲望和表达热情。

一个好的讨论主题应该具备以下特点。第一,讨论主题应该与课程内容紧密相关,能够引导学生运用所学知识分析问题、解决问题。这不仅能加深学生对知识点的理解和掌握,还能培养其分析问题、解决问题的关键能力。第二,讨论主题应该具有一定的开放性和探索性,鼓励学生从不同角度提出见解,形成多元

化的观点碰撞。这种开放性的讨论氛围有利于激发学生的创新思维,培养其批判性思维能力。第三,优秀的讨论主题往往与社会热点、学生关注的现实问题密切相关。将课程内容与现实生活相联系,不仅能激发学生的学习兴趣,还能帮助其树立正确的世界观、人生观和价值观。

教师在设计讨论主题时,还应考虑学生的认知水平和已有经验。主题不能过于简单,缺乏挑战性;也不能过于复杂,超出学生的理解和探讨范围。教师需要根据学情,将主题难度控制在学生的"最近发展区",即在原有认知基础上,通过适度的挑战和引导,帮助学生获得新的认识和能力提升。

(二)讨论规则制订

讨论规则的制订是创设良好教学环境、激发学生参与热情的关键环节。清晰明确的规则能够引导学生积极思考,培养其独立探究和合作交流的能力。制订讨论规则应遵循以下原则。

讨论规则应该体现以学生为中心的教学理念。教师要充分尊重学生的主体地位,鼓励其自由表达观点,平等参与讨论。规则的制订本身就是一次重要的教学活动,教师应该引导学生主动参与,共同探讨如何营造良好的讨论氛围。通过这种方式,学生能够更好地理解和内化规则的内涵,自觉遵守约定,民主、和谐的课堂文化也能得以形成。

讨论规则应该具有针对性和可操作性。不同的讨论主题、不同的学生群体,对讨论规则的要求也各不相同。教师要根据教学内容和学情特点,设计出切合实际、易于执行的规则。例如,针对争议性较强的话题,教师可以强调尊重他人、避免人身攻击等原则;针对学生参与度不高的情况,教师可以规定每个人都要发言,鼓励表达不同观点。总之,规则要具体、明确,学生一看就懂,一执行就有效果。

讨论规则应该兼顾灵活性和稳定性。一方面,教师要根据讨论的实际情况,适时调整规则,给学生更多自主探索的空间。当讨论出现偏离主题、争论过于激烈等问题时,教师要及时引导,修正规则,确保讨论在正确的轨道上进行。另一方面,教师不能过于频繁地更改规则。稳定的规则有利于形成长效机制,使学生养成遵守规则、有序讨论的好习惯。

讨论规则的制订还要充分利用信息技术手段。随着智慧教室、移动终端等的普及,讨论平台日益多样化。教师要紧跟信息化教学的步伐,积极运用在线论坛、弹幕互动等方式开展讨论活动。与传统课堂相比,网络空间能够实现更加广泛、持续的互动交流。教师要根据平台特点,制订相应的讨论规则,引导学生合理使用网络资源,提升学习体验。

(三)讨论结果总结

讨论结果的总结是互动式教学的关键环节。总结不仅能够梳理讨论成果,凝练重要观点,还能加深学生对相关问题的理解和认识。在总结讨论成果时,教师应联系教学目标,引导学生提炼观点、归纳规律,使零散的思想见解形成系统完整的知识体系。教师还要善于捕捉学生在讨论中表现出的闪光点,肯定其独特见解和创新思路,增强其表达自我、勇于创新的信心。例如,教师可以采用"观点清单"的方式呈现讨论成果,列出学生在讨论中提出的所有重要观点,并对其进行归类和提炼。

二、互动式教学法在案例分析中的应用

(一)案例选择标准

案例选择是实施互动式教学法的重要基础,它直接影响案例分析环节的质量与效果。为了充分发挥案例教学的优势,教师必须精心挑选案例材料,确保其符合教学目标,契合学生特点,富有吸引力和启发性。在选择案例时,教师应把握以下标准。

一是典型性。所选案例应具有一定的代表性,能够反映思想政治理论课教学中的普遍问题或共性特征。这样的案例不仅容易引起学生的共鸣,而且有助于学生理解和掌握相关理论。例如,在讲授社会主义核心价值观时,教师可以选取典型人物的事迹作为案例,通过分析他们的言行举止,引导学生深刻领会社会主义核心价值观的丰富内涵。

二是针对性。案例的选择应紧密结合教学内容和教学目标,贴合学生的认知水平和生活实际。通过分析具有针对性的案例,学生能够加深对理论知识的理解,提高运用理论分析问题的能力。贴近学生生活实际的案例也更容易激发学生的学习兴趣,调动其参与案例分析的积极性。例如,在讲授社会主义法治理念时,教师可以选取学生身边发生的具体案件,引导学生运用所学理论分析案情,提出解决方案,从而加深对法治精神的认识和理解。

三是时效性。教师应根据社会发展的新变化、新特点,适时更新案例资源,选取反映时代特征、体现前沿动态的素材。这不仅能够拓宽学生视野,把握时代脉搏,而且能够增强思政课教学的吸引力和感染力。

四是多样性。案例的形式应力求多样化,既可以是文字材料、视频资料、图片图像等,也可以是现实生活中的人和事。不同形式的案例各具特色,能够满足学生多元化的认知需求,提高学生学习的趣味性。案例的来源也应多渠道、多领域,既可以选自历史典籍、文学作品、新闻报道等,也可以来自教师的社会实践和学生的生活体验。案例内容的多样性有利于拓宽学生的知识视野,丰富其社会阅历。

五是简约性。案例材料应力求精练,避免冗长啰唆、烦琐复杂,以免过多占用课堂时间,分散学生注意力。教师应提炼案例的核心要素,突出其蕴含的矛盾和问题,为学生参与讨论提供思路。过于复杂的案例不仅不利于学生快速把握重点,而且容易引起学生的认知负荷,减弱其参与热情。因此,教师应合理控制案例的信息量,确保案例材料简明扼要。

(二)案例分析步骤

案例分析是互动式教学法在高校思想政治理论课教学中应用的重要环节。通过对具体案例的深入剖析,学生不仅能够加深对理论知识的理解,还能提高运用理论分析和解决实际问题的能力。在进行案例分析时,教师需要遵循一定的步骤,以取得预期的教学效果。

教师应根据教学目标和内容,精心选择案例。优秀的案例应该具有典型性、真实性和时效性等特点。典型性要求案例能够反映所学理论的核心要点,体现理论与实践的内在联系;真实性意味着案例应该来源于现实生活,而非虚构或杜撰;时效性则要求案例要紧跟时代脉搏,反映社会热点和学生关注的问题。此外,案例还应具有一定的复杂性和开放性,给学生留出独立思考和讨论的空间。

在正式开展案例分析前,教师需要做好充分的准备工作。一方面,教师要全面了解案例的背景资料,深入研究案例所涉及的理论知识,梳理案例分析的重点和难点;另一方面,教师应设计合理的教学流程和提问策略,预设学生可能提出的问题和自己的应对方案。只有做好了充分的课前准备,教师才能在课堂上游刃有余地引导学生开展案例分析。

在案例分析的过程中,教师应注重引导学生深入思考和积极参与。一方面,教师要鼓励学生从不同角度、不同层面分析案例,并引导其提出自己的观点;另一方面,教师应通过启发式提问,引导学生对案例进行深入的剖析和反思。在讨论过程中,教师既要尊重学生的主体地位,又要适时进行理论引导,帮助学生厘清思路,拓宽视野。

教师还应重视案例分析的反馈和评价环节。通过总结学生的观点,梳理案例分析的思路,教师可以帮助学生加深对理论知识的理解;通过点评学生的表现,肯定优点,指出不足,教师可以帮助学生提升分析问题的能力。教师还应引导学生对案例分析过程进行反思,思考收获和不足,以便在后续学习中加以改进。

三、互动式教学法在角色扮演中的应用

(一)角色扮演注意事项

角色扮演作为一种互动式教学方法,打破了传统的师生关系,让学生从被动的知识接受者转变为教学活动的主体,在扮演角色的过程中主动探索、思考和体验,加深对理论知识的理解。

在角色扮演教学中,教师首先需要根据教学内容和目标,精心设计富有吸引力和挑战性的角色及情境。这些角色应该具有鲜明的个性特征和生动的人物形

象,能够引发学生的兴趣和共鸣。同时,情境设置要贴近学生生活,反映现实社会的热点问题和矛盾冲突,为学生提供分析问题、解决问题的平台。

在角色分配环节,教师要充分考虑学生的个性特点、知识结构和能力水平,因材施教,让每位学生都能找到适合自己的位置。对于性格内向、不善表达的学生,教师可以安排一些相对简单的角色,减少其参与的压力;而对于思维活跃、善于表现的学生,则可以分配一些挑战者的角色,激发其潜能。教师还要注意角色分配的平衡性,避免个别学生承担过多任务或者某些角色无人扮演的情况。

在角色扮演过程中,教师要充分放手,给予学生充分的自主权和创造空间。学生可以根据自己对角色的理解,灵活调整台词和动作,展现个性化的表达方式。同时,教师要适时引导,提供必要的支持和帮助。当学生遇到困难或者偏离主题时,教师要及时介入,给予点拨和启发,引导学生重新回到正确的探究轨道。

(二)角色扮演情境设计

在互动式教学法中,角色扮演情境为学生提供了一个沉浸式的学习环境,使他们能够真切地体验特定情境下人物的心理活动和行为动机,深入理解相关的理论知识和实践技能。精心设计的角色扮演情境还能激发学生的学习兴趣,调动其积极性和主动性,促进学生综合素质的全面发展。

设计角色扮演情境要遵循教学目标导向原则。教师应根据思想政治理论课的教学要求,围绕核心知识点和重点能力培养目标,确定角色扮演的主题和内容。情境设计要贴近学生生活实际,紧扣社会热点问题,引导学生运用思想政治教育基本原理分析和解决现实问题。例如,在学习社会主义核心价值观时,教师可以设计一个关于大学生志愿服务的情境,让学生扮演志愿者、服务对象、志愿服务组织者等不同角色,深入体验奉献、友爱、互助的价值理念。

角色扮演情境的设计还应注重矛盾冲突的创设。没有矛盾冲突的情境容易流于表面,难以引发学生深层次的思考。因此,教师要善于在情境中设置不同立场、观点的碰撞,激发学生的认知冲突,引导其运用辩证唯物主义的立场、观点和方法去分析问题。同时,冲突的设计要把握分寸,既要有吸引力和挑战性,又不能偏离教学主题,影响教学进程。

角色扮演情境的设计还要体现开放性和民主性。预设情境只是一个开端，教师要为学生的自主探索和创新表现留出空间。学生可以在教师设定的基本框架内，根据自己的理解和经验，进一步丰富角色的内涵，创新表演的形式。这不仅能提高学生的参与度，还能培养其创新意识和实践能力。同时，在角色扮演过程中，教师要积极营造民主、平等、包容的课堂氛围，鼓励学生畅所欲言，充分表达自己的观点，尊重学生的个体差异，引导学生体验社会主义民主观念。

（三）角色扮演后的反思

角色扮演作为互动式教学法的重要方式，在思想政治理论课教学中有着独特的价值。它通过创设具体情境，让学生代入特定角色，在模拟真实场景中体验、思考和感悟，从而加深对理论知识的理解，提高分析问题和解决问题的能力。然而，角色扮演教学的成效如何，很大程度上取决于教学反思这一关键环节。

教学反思是教师在课后对教学过程进行回顾、分析和评价，并以此为基础调整教学策略，优化教学设计的过程。对于角色扮演教学而言，反思显得尤为重要。角色扮演作为一种开放性、探究性的教学活动，其过程和结果具有一定的不确定性。学生在扮演角色的过程中，可能会产生意料之外的反应和表现。教师需要通过反思来捕捉这些闪光点，挖掘其中蕴含的教育价值，并据此调整后续教学。角色扮演涉及学生情感态度的变化和价值观的形成，这是一个微妙而复杂的过程。单凭课堂观察，教师难以全面把握学生的思想动态。只有通过课后反思，深入分析学生在角色扮演中的语言、行为表现，才能准确把握教学效果，实现因材施教。

在反思角色扮演教学时，教师要注重对学生反馈的收集与分析。可以通过课后讨论、反思日志等形式，了解学生对角色的认同程度，对所学知识的领悟情况，以及在角色扮演中产生的情感体验。对学生的反馈，教师既要重视典型个案，也要进行总体把握。既要关注学生在认知、情感、行为等方面的进步，也要发现思想认识的误区、情感体验的偏差。这样才能准确评估教学效果，为后续教学改进提供依据。

教师在反思中还应检视自身在角色扮演教学中的角色定位和教学行为。一方面,要反思自己是否为学生创设了真实、丰富的教学情境,提供了合理、适度的引导,激发了学生参与的主动性;另一方面,要反思自己是否从学生的视角去设计角色,而不是将自己的思维和认知强加于人。

四、互动式教学法在小组合作中的应用

(一)小组合作任务设计

任务应该具有开放性和探究性,没有标准答案,学生需要通过讨论、辩论、实验等方式,积极思考,深入研究,方能找到解决问题的最佳途径。这种任务能够激发学生的求知欲和好奇心,调动其主动探索的积极性,培养其批判性思维和创新能力。

小组合作任务应该体现学科交叉性和现实相关性。单一学科视角下的任务设计往往局限性较大,难以全面考查学生的综合素质。跨学科的任务设计能够拓宽学生的知识视野,培养其多角度分析问题的能力。同时,将任务情境与现实生活相联系,能够增强学习的趣味性和实效性,使学生感受到所学知识的应用价值,提高学习兴趣和动力。

合作任务的难度应该适中,既要有一定的挑战性,又不能过于复杂,超出学生的认知水平。过于简单的任务无法调动学生的积极性,难以实现既定的教学目标;而过于复杂的任务则可能挫伤学生的自信心,引发其抵触情绪。因此,教师应该全面考虑学生的认知发展水平、已有知识储备等因素,精心设计难度适中、梯度合理的系列任务,引导学生在"最近发展区"不断突破自我,实现进步。

合作任务还应该注重过程性评价与结果性评价的结合。传统的结果性评价往往只关注学生的最终作品或成绩,忽视了学习过程中的努力和进步。过程性评价能够全面记录学生在合作学习中的表现,包括参与度、沟通效果、分工合作等,帮助学生认识自身优势和不足,调整学习策略。同时,将个人评价与小组整体评价相结合,既突出个体责任,又强调集体荣誉,能够增强小组凝聚力,促进小组成员积极互动。

(二)小组合作成果展示

小组合作成果展示是互动式教学法在高校思想政治理论课中应用的重要环节。通过小组合作成果展示,学生不仅能够系统梳理和巩固合作学习过程中获得的知识,还能提升语言表达能力、逻辑思维能力及团队协作精神等综合素质。

从知识建构的角度来看,小组合作成果展示有助于学生将零散的知识点整合为系统完整的知识体系。在展示准备阶段,小组成员需要对合作学习的内容进行归纳总结,梳理知识点之间的内在联系,构建起严密的逻辑架构。这个过程不仅加深了学生对知识的理解,也锻炼了他们分析问题、解决问题的能力。在展示过程中,学生还需要运用恰当的语言表达自己的观点,回应听众的疑问,这有助于提升其语言组织能力、思辨能力。

从能力培养的视角来看,小组合作成果展示是学生展示自我、锻炼口才的大好机会。在展示过程中,学生需要清晰、流畅地表达自己的观点,有条理、有重点地呈现小组的研究成果,这对其语言表达能力提出了较高要求。学生还需要运用丰富的案例、形象生动的比喻来吸引听众,增强成果展示的感染力和说服力。久而久之,学生的口头表达能力、应变能力都能得到显著提升。此外,小组合作成果展示还能锻炼学生的团队协作精神。为了更好地完成成果展示任务,小组成员需要分工合作,相互配合,组成默契的团队。在准备展示材料、排练展示流程的过程中,学生能够充分感受到团队的力量,学会与他人沟通、协调,从而提升自己的组织管理能力。

从情感态度的角度来看,小组合作成果展示有利于增强学生的自信心和成就感。当学生站在讲台上,将自己辛勤准备的成果展示给大家时,他们能够真切地感受到付出努力后收获成功的喜悦。台下听众的认可和赞扬,更是对他们最好的褒奖,能够极大地增强他们的自信心。

第四章 高校思想政治理论课之混合式教学法

第一节 混合式教学法的理念、特点与优势

一、混合式教学法的理念

混合式教学法的理念涵盖多个维度。

从教学模式的角度来看,混合式教学法突破了传统的单一课堂教学模式,将面对面教学与在线学习相结合,充分利用了信息技术的优势,为学生提供了更加灵活、多元的学习方式。这种教学模式不仅能够满足不同学生的个性化学习需求,而且能够拓展教学时空,使学习不再局限于固定的课堂和时间。同时,混合式教学法改变了教师和学生的角色定位,强调以学生为中心,教师从知识的传授者转变为学习的引导者和促进者。在这个过程中,学生的主体地位得到彰显,自主学习能力、协作探究能力等关键能力得到培养。

从教学内容的角度来看,混合式教学法注重知识的应用和迁移,强调理论与实践的结合。在教学设计中,教师不仅要重视基础知识的讲授,还要引导学生将所学知识运用到实际问题的分析和解决中,培养学生的批判性思维和创新能力。通过设计探究性学习任务、组织开放性讨论等方式,教师能够激发学生的求知欲望,调动其学习的主动性和积极性。此外,混合式教学法还重视跨学科知识的整合,鼓励学生从多学科视角审视问题,培养其全局观念和系统思维能力。这种教学理念突破了传统学科的界限,符合当前社会对复合型人才的需求。

从教学评价的角度来看,混合式教学法突破了传统的终结性评价模式,注重过程性评价与终结性评价相结合。在教学过程中,教师通过学习平台的数据分析,能够及时了解学生的学习进度、学习行为和学习效果,并据此调整教学策略,为学生提供个性化的指导和反馈。同时,教师还可以采用形成性评价方式,如同

伴互评、自我评估等,引导学生反思自己的学习过程,找出优点和不足,促使其自我完善和持续进步。

二、混合式教学法的特点

(一)线上线下相结合

线上线下相结合是混合式教学法的特点之一,它充分利用现代信息技术,打破传统课堂教学的时空限制,为学生提供更加灵活、便捷的学习方式。

在线上学习阶段,学生可以通过网络平台自主安排学习进度,反复观看教学视频,完成在线测试和作业,与教师和同伴进行交流讨论。这种自主探究式的学习模式,有助于培养学生的自学能力和独立思考能力,激发其内在学习动机。

线下课堂教学发挥着不可替代的作用。面对面的师生互动,能够增进情感交流,促进价值观的塑造。教师可以针对学生在线学习中遇到的共性问题进行重点讲解,组织小组讨论和实践活动,引导学生将理论知识与实际应用相结合。这种线下教学不仅能够帮助学生梳理知识脉络,构建完整的知识体系,更能培养其分析问题、解决问题的实践能力。

(二)以学生为中心

以学生为中心也是混合式教学法的特点之一,它体现了现代教育理念的重要转变。传统的教学模式往往以教师为中心,强调知识的传授和灌输,忽视了学生的主体地位和个性化需求。而混合式教学法则充分尊重学生的主观能动性,将教学的重心从"教"转移到"学"上来,努力营造以学生为中心的教学环境。

在混合式教学中,教师不再是高高在上的权威,而是学生学习的引导者、促进者和服务者。教师需要根据学生的兴趣爱好、认知特点、学习习惯等因素,为其提供个性化的学习支持和指导。这就要求教师深入了解每位学生,关注其学习过程中的困惑和需求,并及时给予恰当的帮助和反馈。只有真正做到以学生为中心,才能激发其内在学习动机,提高其学习的主动性和参与度。

混合式教学法强调学生在学习过程中的自主性和创造性。在线上自主学习环节，学生可以根据自己的节奏和需要，灵活安排学习时间和进度，自主探索和构建知识体系。教师通过设计探究性的学习任务、组织开放性的讨论交流等活动，鼓励学生提出问题、发表见解，培养其批判性和创新性思维能力。

(三) 灵活多样

混合式教学法打破了传统课堂教学的时空限制，为学生提供了更加自主、便捷的学习方式。学生可以通过在线平台，根据自己的学习进度和需求，灵活安排学习时间和地点。这种自主性不仅能够满足不同学生的个性化需求，还有利于培养其自主学习能力和时间管理能力。

混合式教学法融合了多种教学资源和手段，极大地丰富了教学内容和形式。教师可以利用慕课、微课、数字教材等在线资源，为学生提供丰富多彩的学习材料。同时，教师还可以采用案例分析、小组讨论、角色扮演等多种教学方法，激发学生的学习兴趣，促使其主动参与。这种多元化的教学模式不仅能够满足不同学习风格学生的需求，也有利于培养学生的批判性思维和创新能力。

混合式教学法的评价方式具有多样性。传统的期末考试往往难以全面评估学生的学习效果，而混合式教学法则强调过程性评价与终结性评价相结合。教师可以通过在线测验、课堂表现、项目报告等多种方式，动态地跟踪学生的学习进展，及时给予其反馈和指导。这种多元化的评价方式不仅能够更加全面、客观地评估学生的学习效果，也有利于调动学生的学习积极性，促使其持续进步。

三、混合式教学法的优势

(一) 提升学习效果

混合式教学法在高校思想政治理论课中的应用，对于提高教学质量、增强教学效果具有重要意义。相较于传统的单一教学模式，混合式教学能够更好地激发学生的学习兴趣,调动其主动性和积极性,促进其知识的内化和能力的提升。

从知识传授的角度来看,混合式教学法有助于加深学生对思想政治理论知识的理解。通过线上学习平台,学生可以根据自己的学习进度和节奏,反复观看教学视频,完成在线测试,巩固知识点。在线下课堂教学中,教师可以针对学生在线学习中的疑难问题进行重点讲解,开展深入的思想交流和讨论,帮助学生厘清思路,拓宽视野。这种线上线下相结合的教学方式,能够充分尊重学生的个体差异,满足不同学生的学习需求,实现因材施教、因需施教。

从能力培养的角度来看,混合式教学法为学生提供了更加丰富多元的学习体验,有利于提高其分析问题、解决问题的综合能力。在线上学习过程中,学生需要通过自主探究、小组协作等方式完成各类学习任务,这不仅锻炼了其自主学习能力,也培养了其团队合作意识和沟通表达能力。在线下课堂教学中,教师可以组织开展案例分析、情景模拟、角色扮演等教学活动,引导学生运用所学知识分析现实问题,提出解决方案,增强其理论联系实际的能力。这种将知识学习与实践应用相结合的教学模式,有助于提升学生运用科学的立场、观点和方法分析和解决实际问题的能力,增强其理论自觉和行动自觉。

从学习效果的角度来看,混合式教学法能够有效提高学生的学习兴趣和参与度,激发其内在学习动机。通过大数据技术,教师可以实时跟踪学生在线学习的过程性数据,了解每位学生的学习状态和进步情况,从而有针对性地进行个性化辅导和干预。同时,线上学习平台还可以为学生提供丰富的学习资源和自主探究的空间,满足其延伸学习、拓展学习的需求。这种数据驱动、个性化的教学方式,不仅能够提高学生的学习投入度,也能够促使其主动建构知识,形成能力,真正实现从"要我学"到"我要学"的转变。

(二)提升学生参与度

混合式教学法通过有机融合传统课堂教学与在线学习,为学生提供了更加丰富灵活的学习体验,有效激发了学生参与教学的热情和主动性。

在混合式教学模式下,学生不再是被动的知识接受者,而是学习过程的主动参与者和建构者。课前,学生可以通过在线平台自主学习相关知识,并参与讨论和交流,为课堂学习做好充分准备。课中,教师不再是唯一的知识传授者,而是学习活动的组织者和引导者。学生通过参与小组合作、案例分析、情景模拟等多样化的教学活动,深化对知识的理解。课后,学生可以利用在线资源进行巩固练习和拓展学习,并与教师、同学进行互动交流,实现学习的深度内化。

混合式教学模式充分尊重了学生的个体差异,为其提供了个性化的学习支持。学习能力较强的学生可以通过在线平台获取更多学习资源,挑战更高难度的学习任务;学习基础较弱的学生可以反复学习基础知识,获得更多的练习机会。教师可以根据学生在线学习的数据分析,及时调整教学策略,因材施教。混合式教学还有利于培养学生的自主学习能力和信息素养,使其适应信息社会的发展需求。

混合式教学为师生互动、生生互动提供了更加便捷的渠道。教师可以通过在线平台发布学习任务,组织讨论交流,及时了解学生的学习状态和问题反馈。学生之间可以通过在线社区进行头脑风暴、经验分享,实现思想的碰撞和共同成长。这种密切的互动不仅增进了师生之间、生生之间的情感联结,也为构建良好的课堂生态奠定了基础。

(三)促进个性化学习

混合式教学法通过线上线下相结合的方式,为学生提供了个性化学习的机会。在混合式教学模式下,学生可以根据自己的学习需求和节奏,灵活安排学习时间和进度。线上学习平台上丰富的教学资源,如微课、数字教材、在线测试等,为学生提供了多样化的学习途径。学生可以反复观看视频,阅读材料,直到完全理解知识点为止。同时,在线讨论区和社交媒体工具的使用,为学生提供了相互交流、共同探讨的机会。这种学习方式打破了传统课堂的时空限制,让学生能够随时随地进行学习,真正实现了因材施教。

混合式教学能够满足不同学生的个性化学习需求。教师可以根据学生的学习基础、兴趣爱好等,为其提供不同难度和类型的学习任务。学习较为优秀的学生可以获得更具挑战性的学习内容,得到更大的发展空间;学习较为困难的学生可以得到更多的帮助和指导,避免了"一刀切"的弊端。这种因材施教的方式,有助于调动每位学生的学习积极性,让他们在原有基础上不断进步,最终达成立德树人的教学目标。

第二节 混合式教学法的设计原则与策略

一、混合式教学法的基本设计原则

(一)以学生为中心的原则

在混合式教学法的设计中,以学生为中心的原则强调,教学活动应以学生的需求和特点为出发点,充分尊重学生的主体地位,调动其学习的主动性和积极性。遵循以学生为中心的原则进行教学设计,不仅有利于提升教学效果,还能够促进学生身心全面发展。

从认知层面来看,以学生为中心的原则要求教师充分考虑学生的认知特点和发展水平,选择适合其认知规律的教学内容和方法。大学生已经具备了一定的思辨能力和批判意识,因此,在高校思想政治理论课中,教师应该突破传统的灌输式教学模式,引导学生主动探究,积极思考,鼓励其提出自己的见解和疑问。例如,教师可以设计一些开放性的讨论题目,组织学生进行小组讨论或辩论,引导其从不同角度分析问题,形成自己的观点。在这个过程中,学生的逻辑思维能力、语言表达能力都能得到锻炼和提升。

从情感态度层面来看,以学生为中心的原则强调尊重学生的情感体验和价值取向,注重培养其积极健康的人生态度和价值观念。在混合式教学中,教师应该创设富有生活化的教学情境,引导学生将所学知识与现实生活相联系,加深其对理论知识的情感认同。例如,在学习"社会主义核心价值观"相关内容时,教师可以引导学生结合自身经历,讲述身边践行社会主义核心价值观的先进事迹,分享自己的感悟和体会。这样不仅能够增强教学内容的说服力和感染力,还能引导学生将社会主义核心价值观内化于心、外化于行。

从学习方式层面来看,以学生为中心的原则倡导以学生为主体,鼓励其自主学习、合作学习。在混合式教学中,教师应该充分利用信息技术手段,为学生提供丰富多样的学习资源和渠道,满足其个性化、差异化的学习需求。同时,教师还应该合理设计教学活动,为学生创造合作学习、探究学习的机会。例如,教师可以在线上平台发布一些项目化、案例化的学习任务,要求学生通过小组合作的方式共同完成。在协作探究的过程中,学生不仅能够深化对知识的理解,更能够培养团队协作意识和沟通表达能力。

以学生为中心的原则要求教师重视学生的学习体验和感受,注重人文关怀和心理疏导。在混合式教学中,教师应该时刻关注学生的学习状态和情绪变化,及时给予其鼓励和支持。尤其是在线上教学环节,教师更应该通过多种互动方式,拉近与学生的心理距离,营造温暖、包容的教学氛围。

(二)灵活性原则

灵活性原则是混合式教学法设计的关键考量要素。与传统的"一刀切"式教学模式不同,混合式教学强调根据不同教学情境、不同学习需求,灵活调整教学内容、教学方法和教学媒介,为学生提供个性化、多样化的学习体验。这种灵活性不仅体现在宏观层面的课程设计上,更渗透到微观层面的教学组织和实施中。

在课程设计环节,教师需要结合教学目标、学情分析、资源条件等因素,灵活确定线上线下教学的比重和内容分工。对于知识理解类、技能训练类的教学内容,可以考虑更多地利用线上资源,通过微课、慕课等形式,为学生提供随时随地、反复学习的机会;对于问题探究类、情感态度类的教学内容,可以在线下面授环节中完成,借助课堂讨论、小组合作等方式,激发学生的创新思维和价值判断。同时,教师还应该根据教学内容的难易程度、学生的认知基础,灵活调整线上线下学习任务的难度和时长,避免学生在自主学习过程中遭遇挫折或负担过重。

在教学组织和实施环节,灵活性原则要求教师根据教学内容和学生反应,及时调整教学策略和教学节奏。面对不同的学习风格和认知水平,教师需要采取差异化的教学方法,为不同学生提供个性化的学习支持。例如,对于学习能力较强的学生,教师可以布置一些开放性、探究性的任务,引导其拓展和深化知识;对于基础较弱的学生,教师需要给予更多的学习指导和有针对性的训练,帮助其巩固基础,跟上教学进度。

(三)互动性原则

在混合式教学中,教师不再是知识的唯一传递者,学生也不再是被动的接受者。相反,教师与学生之间、学生与学生之间需要建立频繁而深入的互动,共同参与教学过程。只有在互动中,学生才能真正成为学习的主人,调动起学习的主动性和积极性,实现从"要我学"到"我要学"的转变。

互动性原则要求教师在设计教学活动时,充分考虑如何创设有利于师生互动、生生互动的情境。在线上教学中,教师可以利用讨论区、留言板、在线问答等功能,鼓励学生畅所欲言,表达自己的见解。同时,教师要及时回应学生的问题和想法,给予其必要的引导和点拨。在线下教学中,教师可以组织课堂讨论、小组合作学习等活动,为学生提供面对面交流的机会。通过设置开放性问题,鼓励学生发表见解,相互质疑,教师可以激发学生的思考和辩论兴趣,培养其批判性思维能力。

互动性原则要求教师在教学过程中充分尊重学生的个体差异,因材施教。学生的学习习惯、认知特点、知识基础各不相同。教师要通过与学生的互动,深入了解每位学生的特点和需求,有针对性地提供学习支持。对于学习能力较强的学生,教师可以给予更多的探究性任务,鼓励其自主学习;对于学习有困难的学生,教师要给予更多的关注和帮助,通过互动答疑,帮助其克服障碍,培养学习信心。

二、线上与线下教学资源的整合策略

(一)资源共享平台建设

构建高效便捷的资源共享平台是实现线上线下混合式教学的重要基础。在教学过程中,学生需要获取丰富多样的学习资源,而教师也需要不断更新和拓展教学内容。传统的资源获取方式,如图书馆借阅、资料室查阅等,已经难以满足信息时代教与学的需求。因此,建设集教学资源储存、管理、共享于一体的数字化平台,成为混合式教学的必然选择。

理想的资源共享平台应该具备以下几个特点。其一,平台应该拥有海量的教学资源,涵盖不同学科、不同类型的多媒体素材,如文本文件、图片、音频、视频等。这些资源应该由权威机构或专业人士提供,确保内容的准确性和可靠性。其二,平台应该具有强大的检索和推荐功能。用户可以通过关键词、标签、分类等多种方式快速定位所需资源,平台也能根据用户的学习行为和偏好,智能推送个性化的资源。其三,平台应支持多终端、多场景的访问和使用。无论是在校内还是校外,无论使用电脑、平板还是手机,用户都能便捷地获取所需的学习资料。其四,平台应该建立完善的知识产权保护和激励机制,一方面要尊重和保障资源提供者的合法权益,另一方面要鼓励更多的教师和学生参与资源的创建和共享。

高校可以通过多种途径来建设资源共享平台。一种方式是由学校自主研发,利用现有的软硬件设施和技术力量,搭建独立的资源管理系统。这种方式的优点是能够完全根据学校的实际需求来设计功能和界面,也便于与学校的其他教学系统进行对接。但其缺点是开发周期长,投入成本高,对学校的技术实力也提出了较高要求。另一种方式是借助第三方的教育资源平台。这些平台拥有成熟的技术架构和丰富的资源库,学校只需进行适当的二次开发和定制,就能快速上线使用。但这种方式可能受限于平台提供商的服务条款和收费标准,学校对平台的控制力也相对较弱。除此之外,高校还可以与其他兄弟院校或机构合作,共同建设区域性或全国性的资源共享联盟,实现优质教学资源的交流与互通。

(二)线上线下课程衔接

线上与线下教学资源的有机整合是混合式教学法应用的关键。在数字化时代背景下,高校思想政治理论课教学已不再局限于传统课堂,而是日益向网络空间拓展。大规模开放在线课程、微课、翻转课堂等新型教学模式的兴起,为线上教学资源建设提供了广阔空间。与此同时,线下面授课程作为思政课教学的主阵地,在价值引领、情感培养等方面具有不可替代的作用。因此,如何科学设计线上线下教学资源,实现二者的深度融合,成为混合式教学法研究的核心议题。

构建资源共享平台是线上线下教学资源整合的重要途径。一方面,教师可以通过共享平台发布教学视频、课件、习题等数字化资源,供学生自主学习;另一方面,学生可以利用平台进行交流讨论,分享心得体会。这种师生互动、生生互动的方式,有利于激发学生的学习兴趣,培养其自主学习能力。同时,资源共享平台还可以集成教学管理、学习评价等功能,为教师实施个性化教学、精准化指导提供数据支持。例如,通过学习行为分析,教师可以及时掌握学生的学习进度和知识掌握情况,从而有针对性地调整教学策略。

线上线下课程的有效衔接是实现混合式教学的必由之路。在教学设计中,教师应充分考虑线上学习和线下教学的特点,合理分配教学内容和学习任务。一般而言,线上学习更适合知识点的自主探究和巩固练习,而线下教学则更侧重问题解决和价值引领。因此,教师可以将基础性、概念性的内容安排在线上学习,引导学生通过视频、文献等资源进行自主探究;而将综合性、问题性的内容安排在线下教学,通过案例分析、小组讨论等方式深化学生对知识的理解和运用。此外,教师还应注重线上学习与线下教学的过渡衔接,设计合适的导学案或讨论题,引导学生将线上所学知识迁移到线下,提高知识的应用能力。

(三)多媒体资源利用

多媒体资源在高校思想政治理论课教学中的科学运用,对于优化线上线下混合式教学模式,提高教学质量具有重要意义。在信息技术迅猛发展的时代背景下,多媒体资源以其形式多样、内容丰富、传播便捷等优势,为思政课教学注入了新的生机和活力。教师应立足课程特点和教学需求,合理选择和利用多媒体资源,创新教学方法,激发学生学习兴趣,提高教学实效性。

视频资源是思政课教学中常用的多媒体资源之一。教师可以通过播放历史纪录片、时事新闻、专题片等,直观生动地呈现社会主义核心价值观、中华优秀传统文化、革命传统教育等内容,加深学生对理论知识的理解。例如,在讲授"中国精神"相关内容时,教师可以选取《伟大的抗美援朝》等纪录片,揭示中华民族不畏强权、维护和平的民族气节和爱国主义精神。这些鲜活的视频素材能够引起学生的情感共鸣,增强课程的感染力和说服力。

音频资源是思政课多媒体教学的重要组成部分。教师可以利用重大历史事件的录音资料、名人讲话、经典诗文朗诵等,营造身临其境的课堂氛围,引导学生在聆听中感悟、思考。音频资源的适度运用能够打破单一的讲授模式,调动学生多感官参与,提高其学习效率。

图片资源在思政课教学中有广泛应用。一幅幅历史照片、党旗和国旗、红色地标等图像,都蕴含着丰富的教育意义。教师可以利用图片资源直观呈现抽象概念,渲染课堂氛围,加深学生印象。例如,在讲授"中国特色社会主义先行示范区"相关内容时,教师可以展示深圳经济特区建立40周年庆祝大会、港珠澳大桥建成通车等新时代发展成就的照片,形象地展现祖国的巨大变化,增强学生的自豪感和责任感。图片资源的巧妙运用能够丰富教学手段,提升教学吸引力。

三、学生自主学习能力的培养方法

(一)自主学习计划制订

在学生自主学习能力培养的过程中,教师需要充分发挥引导和支持的作用,帮助学生根据自身特点和学习需求,制订科学、合理、可行的自主学习计划。这不仅能够提高学生自主学习的针对性和实效性,还能够促进其自我管理、自我监控等关键能力的培养和提升。

自主学习计划的制订应遵循个性化原则。不同学生的学习基础、认知特点、兴趣爱好存在较大差异,因此,在制订自主学习计划时,教师应引导学生立足自身实际,因材施教。对于基础薄弱的学生,教师可以帮助其制订针对性强、难度适中的学习计划,重点攻克知识短板;对于基础扎实的学生,教师可鼓励其制订具有挑战性的学习计划,拓展学习深度和广度。个性化的学习计划能够最大限度地调动学生学习的主动性和积极性,提升其自主学习的获得感和成就感。

自主学习计划的制订应体现发展性原则。教师在指导学生制订学习计划时,不仅要关注知识和技能目标的达成,更要着眼于学生综合素质和关键能力的培养。因此,在学习计划中,除了基本的知识学习任务,还应适当融入能力训练和拓展性学习内容。例如,教师可以引导学生将批判性思维、创新能力、问题解决能力等纳入学习计划,通过专题研究、项目实践等方式进行训练。这不仅能够拓宽学生的学习视野,还能为其未来发展奠定坚实的素质基础。

自主学习计划的制订离不开科学的评估和反馈机制。教师应定期对学生的自主学习情况进行评估,及时了解其学习进度、学习质量,发现并解决学习过程中遇到的困难和问题。同时,教师还应向学生提供及时、有效的反馈,肯定其取得的进步和成绩,指出存在的不足,为优化和调整学习计划提供参考。通过评估和反馈,学生能够更加清晰地认识自身的学习状况,调整学习策略,不断提高自主学习的效率。

(二)学习资源推荐

在混合式教学法中,学习资源推荐是激发学生自主学习兴趣,提高学生学习效率的重要举措。传统教学模式下,学生主要依赖教师提供的有限资源,难以满足个性化、多样化的学习需求。在混合式教学中,教师可以利用信息技术手段,为学生量身定制学习资源,帮助其拓宽知识视野,深化课程认知。

教师应该全面了解学情,掌握学生的知识基础、学习风格和兴趣爱好,以此为基础进行学习资源推荐。对于基础薄弱的学生,教师可以推荐一些通俗易懂的入门读物和视频资料,帮助其夯实基础;对于学有余力的学生,教师可以推荐一些前沿性、挑战性较强的学术文献和研究报告,引导其向更高层次的学习迈进。同时,教师还应关注学生的个性化需求,为不同专业方向、不同发展规划的学生提供有针对性的资源支持。

教师推荐的学习资源应该具有权威性、多样性和时效性。一方面,教师要甄选出学界公认的优质资源,如知名学者的论著、权威期刊的文章等,确保资源内容的科学性和前沿性;另一方面,教师要开阔视野,纳入多种形式的资源,如文本、音频、视频、慕课等,以满足学生多元化的学习需求。此外,教师还要密切关注学科动态,及时更新和补充学习资源,使其与时俱进,反映学科最新进展。

教师要高度重视学生的资源利用反馈,建立科学、动态的资源优化机制。教师可以通过学生的在线学习行为数据、课堂讨论表现、作业完成质量等,评估学习资源的实际效果,并据此调整资源推荐策略。同时,教师还应主动征求学生意见,鼓励其参与资源建设,增强其获得感和主人翁意识。只有形成教师推荐、学生反馈的良性互动,才能不断提高资源质量,为学生自主学习提供更加优质的内容支撑。

教师应培养学生的资源甄别和利用能力,提高其自主学习效率。面对网络时代的信息爆炸,学生往往难以从海量资源中找到真正有价值的内容,甚至可能被虚假、低俗的信息所误导。因此,教师不仅要为学生推荐优质资源,还要传授其搜索、筛选、评判资源的方法,培养其信息素养和学习自觉性。教师可以在日常教学中穿插信息素养教育,引导学生树立正确的学习态度和价值观,让学生自觉远离低俗、有害信息,使其从主动、理性的学习者走向学习型社会的建设者。

(三)自主学习评估

在线上与线下相结合的学习模式下,学生对自身学习过程的监控和反思显得尤为关键。只有通过持续、动态的自我评估,学生才能及时发现并解决学习中遇到的问题,并据此调整和优化学习策略。这不仅有助于提高学生的学习效率,还能培养其自主学习能力和元认知意识。

构建科学、多元的自主学习评估体系是实现有效评估的前提。单一、静态的评估方式难以全面反映学生的学习状况和进步情况。教师应从认知、情感、技能等多个维度设计评估指标,综合运用学习日志、同伴互评、成果展示等多种评估方式,动态记录学生的学习过程。同时,评估体系还应体现差异性和选择性,鼓励学生根据自身特点和学习需求,选择适合的评估方式和评估节奏。唯有如此,自主学习评估才能突破形式化的局限,切实发挥诊断学习问题、改进学习方法的作用。

自主学习计划的制订是开展自主学习评估的基础。学生只有对学习目标、学习内容、学习策略等有明确规划,才能在学习过程中有针对性地开展评估。教师应引导学生结合课程要求和自身实际,制订切实可行的自主学习计划,明确每个阶段的学习任务和评估方案。在此基础上,学生可以通过学习日志等形式,记录学习收获和感悟,评估学习计划的完成情况,并据此调整后续学习安排。这一过程不仅能增强学生的主动性和计划性,也能提高其自我管理和自我完善的能力。

第三节 混合式教学法在思政理论课教学中的应用

一、混合式教学法在内容设计中的应用

(一)课程目标设定

课程目标设定是混合式教学法在高校思想政治理论课教学中应用的基础和前提。在数字化时代背景下,传统的思政课教学目标已难以满足学生日益增长的个性化、多样化学习需求。因此,教师应积极探索将混合式教学理念融入课程目标设计,重构知识、能力、素质三位一体的课程目标体系。

知识目标是思政课程教学的基础。教师应深入分析课程所涉及的思想政治教育基本原理、中国特色社会主义理论体系、社会主义核心价值观等核心知识点,厘清其内在逻辑关系,形成系统完整的知识架构。同时,教师还应关注理论知识与社会实践的联系,引导学生将所学知识内化为正确的世界观、人生观、价值观。在混合式教学模式下,教师可以利用网络平台优化知识呈现方式,通过思维导图、知识脉络图等形式,帮助学生深化对知识点的理解。

能力目标是思政课程教学的重点。思政课不仅要传授理论知识,还要注重对学生综合素质和实践能力的培养。教师应结合课程特点和学生特点,设计富有挑战性和吸引力的教学活动,为学生提供参与探究、实践运用的机会。例如,教师可以设计一些开放性的讨论题或者社会调查任务,鼓励学生运用所学知识分析现实问题,提出自己的见解,从而锻炼其独立思考、沟通表达、团队协作等关键能力。在混合式教学中,教师还可以借助网络平台开展在线讨论、辩论等互动

活动,营造自由、平等、理性的课堂氛围,激发学生的主体意识和参与热情。

素质目标是思政课程教学的关键指向。在混合式教学中,素质目标旨在全方位塑造学生的综合素养。在思想素质方面,借助线上线下多元资源,引导学生树立坚定的理想信念,培育科学的世界观、人生观与价值观,使其在复杂多变的社会环境中坚守正确方向。在道德素质方面,通过典型案例剖析、实践体验活动,强化学生的道德认知与行为自觉,助其养成诚实守信、尊老爱幼等优良品德。在法治素质方面,以线上线下法治教育为依托,增强学生的法治观念,使其学会运用法治思维解决问题。在心理素质方面,借助心理辅导课程、线上交流社区,帮助学生培养积极心态,提升抗压与情绪调节能力。在文化素质方面,依托丰富的文化资源,拓宽学生的国际视野,增强文化自信与民族自豪感。

(二)教学模块划分

混合式教学法在高校思想政治理论课中的应用需要对课程内容进行科学合理的模块化设计。教学模块划分直接影响教学内容的组织方式、呈现方式和学生的学习方式。模块化教学设计要立足思政课程的特点,遵循教育教学规律,体现课程的思想性、理论性和实践性,增强教学内容的针对性和实效性。

思政课程内容模块划分要坚持目标导向,突出育人导向。教师应根据课程目标,结合学情分析,将教学内容划分为若干相对独立又相互联系的教学模块。每个模块都应有明确的教学目标,包括知识目标、能力目标和素质目标。同时,各模块目标要与课程总目标相互呼应,有机统一。这种目标导向的模块化设计有利于课程目标的达成,突出思政课教学的价值取向和育人功能。

内容模块划分要注重逻辑性和系统性,体现学科特色。思想政治理论课内容涉及哲学、政治经济学、科学社会主义等多个学科,知识体系庞杂繁复。模块化设计要立足学科体系,把握知识之间的内在联系,使各模块形成系统完整的有机整体。合理划分模块内容,既要突出重点、难点,又要注意内容的承接与递进,避免重复和割裂。这种富有逻辑性、系统性的模块划分能够帮助学生厘清知识脉络,建构完整的学科框架,培养系统化的思维方式。

教学模块应富有时代性和开放性,反映社会发展的新变化、新特点。当代大学生正处在一个信息高度发达、思想日趋多元的时代,思政课教学必须主动回应学生的现实关切。模块化设计要及时吸收学科领域的新知识、新成果,将前沿性、开放性的内容纳入相关模块。同时,教学模块还要为学生预留探究空间,设置开放式、讨论式的教学环节,引导学生运用所学知识分析现实问题,培养学生的问题意识和批判性思维能力。

模块化设计要考虑线上线下学习资源的优化配置。混合式教学法打破了传统课堂时空的限制,为学生提供了更加丰富、灵活的学习体验。教师要充分利用信息化手段,合理设计线上教学活动,创设虚拟情境,开发优质的数字化资源。同时,线下教学要注重师生互动、生生互动,通过头脑风暴、小组讨论、案例分析等多样化活动,加深学生对知识的理解。线上线下相结合的模块化教学,能够最大限度地激发学生的学习兴趣,调动其主动性和创造性。

(三) 内容更新与优化

随着信息技术的迅猛发展,网络资源日益丰富,学生获取知识的渠道日益多元化。在这一背景下,单纯依靠传统的课堂讲授已经难以满足学生的学习需求,也无法充分调动其学习的主动性和积极性。因此,创新教学模式,优化课程内容,成为思想政治理论课教学的必然选择。

内容更新与优化是混合式教学法应用的关键环节。传统的思想政治理论课内容往往局限于教材,较为抽象和理论化,难以激发学生的兴趣。混合式教学为思政课教师提供了拓展教学内容的广阔空间。教师可以充分利用网络平台,将教材内容与时事热点、社会现象、典型案例相结合,增强教学内容的针对性和实效性。例如,在讲授社会主义核心价值观时,教师可以引用当前的新闻事件,分析其中蕴含的价值追求,引导学生在现实情境中深化对理论的理解;在阐释中国特色社会主义理论体系时,教师可以运用多媒体技术,通过图片、视频、动画等形式生动呈现理论内涵,激发学生的学习兴趣。

教师应注重挖掘学生的生活经验和认知基础,结合其思想实际优化教学内容。当代大学生正处于人生观、价值观形成的关键时期,他们往往有许多现实困惑亟须解答。教师要充分了解学生的思想动态,将教学内容与学生的成长发展需求紧密结合,增强思政课的实效性。例如,针对学生在专业学习、人际交往、情感恋爱等方面的困惑,教师可以有针对性地选取相关主题,引导学生在理论学习中不断丰富人生阅历,完善自我认知。

内容更新与优化要注重学生的主体地位,激励其参与知识建构的全过程。教师应转变传统的"满堂灌"教学方式,为学生提供更多探究问题、表达观点的机会。通过设计研讨、辩论、情景模拟等互动环节,营造民主、平等、开放的教学氛围,引导学生积极思考,勇于发声。同时,教师还要注重发挥学生在学习过程中的创造性,鼓励其根据自身兴趣和特长,运用网络工具开展自主学习。例如,教师可以就某一话题布置调研性学习任务,要求学生搜集整理相关资料,撰写调研报告或录制微视频,在互动交流中加深对知识的理解。这种学生主导的学习方式,不仅能提升学习效果,还能培养其独立思考、主动探究的意识和能力。

二、混合式教学法在教学过程中的应用

(一)教学工具使用

混合式教学法在高校思想政治理论课教学过程中的应用,需要教师合理运用多样化的教学工具,以提升教学效果。传统的教学工具如教材、板书、多媒体课件等固然重要,但在信息技术飞速发展的时代,教师更应积极利用网络平台、移动应用等新兴教学工具,创新教学模式。

教师可以利用慕课平台发布教学资源,引导学生在课前自主学习,为课堂教学奠定基础。在此基础上,教师可以在课堂上组织学生开展讨论、辩论等互动性强的教学活动,加深学生对知识的理解。借助移动教学应用,教师可以实时掌握学生的学习状态,有针对性地调整教学策略。

教师可以充分利用社交媒体平台开展教学。教师通过在社交媒体平台发布时事热点、思政教育素材,引发学生的关注和思考,从而拓展思政课教学的时空界限。鼓励学生在社交平台上分享学习心得,参与话题讨论,能够增强其参与感和获得感,提升思政课的吸引力和感染力。

在运用各类教学工具的过程中,教师应把握好时机和尺度。教师要根据教

学内容和学生特点,选择最契合的教学工具,而不是盲目追求新奇。同时,还要注重引导学生合理利用教学工具,避免其沉溺于网络,影响学习效果。

教学工具的使用应与教学内容紧密结合,成为深化教学的有机组成部分,而非华而不实的点缀。例如,在学习中国特色社会主义理论体系时,教师可以运用图形化工具直观呈现理论的框架结构;在讲授社会主义核心价值观时,可以借助音频、视频素材生动展现价值观的具体内涵。唯有如此,教学工具才能真正发挥出优化教学过程、提高教学质量的作用。

(二)教学进度控制

混合式教学法在教学过程中的应用,关键在于把握教学进度,优化教学资源配置。教师需要根据教学内容和学生特点,合理安排线上线下教学时长,确保各教学环节有机衔接,协调推进。同时,教师还应该有针对性地选择教学工具,利用信息技术手段为学生提供个性化、智能化的学习支持,提高教学效率。

在混合式教学中,线上学习是课堂教学的重要延伸和补充。教师应充分利用网络平台优势,为学生提供丰富多样的学习资源,如微课、在线测试、虚拟仿真实验等,引导学生自主探索、深度学习。与此同时,教师还需要通过在线监测、数据分析等手段,及时掌握学生的学习进度和学习效果,据此动态调整教学策略,保证教学活动有序开展。

线下教学是混合式教学的核心环节,教师应合理把控课堂教学节奏,灵活运用启发式、探究式、讨论式等教学方法,激发学生的思考兴趣,培养其分析问题、解决问题的能力。在课堂互动中,教师还应注重师生之间、生生之间的交流与协作,营造民主、平等、活跃的课堂氛围,引导学生积极思考、勇于表达、善于倾听,提升其综合素质和创新能力。

三、混合式教学法在学生互动中的应用

(一)讨论与辩论

在混合式教学模式中,讨论与辩论是一种高效的教学方式,能够充分调动学

生的学习积极性，培养其批判性思维和创新能力。讨论与辩论通过营造开放、互动的课堂氛围，鼓励学生表达观点，交流思想，从而使其加深对知识的理解。在思想政治理论课教学中引入讨论与辩论，不仅有利于提高教学质量，还能促进学生思想政治素养的提升。

讨论与辩论的核心在于引导学生围绕特定主题展开深入探讨和论证。教师应根据教学内容和学生特点，精心设计讨论话题，提出富有挑战性和启发性的问题。这些话题应紧密联系学生的生活实际和时代背景，引发其思考和共鸣。例如，在讲授社会主义核心价值观时，教师可以设计"如何在日常生活中践行社会主义核心价值观"的讨论主题，鼓励学生结合自身经历畅所欲言，分享体会和感悟。在这个过程中，学生不仅加深了对理论知识的认识，更学会了如何将理论运用于实践，提升了实践能力。

为了保证讨论与辩论活动的有序开展，教师需要合理设置教学环节，明确活动规则和要求。一般而言，讨论与辩论活动可分为三个主要环节：话题引入、自由讨论和总结点评。在话题引入阶段，教师需要通过列举事实、设置悬念等方式，激发学生的探究欲望，为接下来的讨论做好铺垫；在自由讨论阶段，教师应鼓励学生畅所欲言，各抒己见，同时适时进行引导，避免讨论偏离主题；在总结点评阶段，教师要对讨论内容进行梳理和归纳，提炼出核心观点，引导学生形成正确的价值判断。通过环环相扣的教学设计，讨论与辩论活动才能真正发挥育人作用。

讨论与辩论不仅是一种教学方法，还是一种教学理念。它强调学生的主体地位，尊重学生的个体差异，鼓励学生表达独特见解。在讨论与辩论中，学生通过相互质疑、相互启发，逐步构建完整的知识体系。这一过程不仅锻炼了学生的口头表达能力，还提升了其逻辑思辨能力和批判性思维能力。同时，讨论与辩论还能培养学生的团队协作精神和民主意识。学生在交流碰撞中学会了尊重他人，包容差异，形成了平等、民主、理性的价值观念。

要充分发挥讨论与辩论在思政课教学中的作用，教师应注重与其他教学方法的有机结合。例如，教师可以利用翻转课堂模式，引导学生课前自主学习理论知识，课上则通过讨论与辩论来内化知识，深化认识。教师还可以将讨论、辩论与社会实践活动相结合,引导学生走出课堂,在实践中检验理论,运用知识。通过多种教学方法的创新组合,混合式教学模式才能真正落到实处,激发学生的内在学习动力。

(二)小组合作学习

与传统的个人学习模式相比,小组合作学习能够更好地发挥学生的主体作用,激发其学习热情,锻炼其创新思维。在小组合作学习中,学生被划分为若干学习小组,小组成员之间需要密切配合,共同完成教师布置的学习任务。这一过程不仅能够加深学生对思政理论知识的理解,还能培养其团队协作、沟通表达等关键能力。

为了保证小组合作学习的有效性,教师需要精心设计学习任务。一方面,学习任务应该具有一定的挑战性,能够调动学生的积极性,促使其主动思考、深入探究;另一方面,学习任务不能过于复杂和抽象,应该契合学生的认知水平和接受能力。此外,教师还应该为学生提供必要的学习支持,如提供参考资料、解答疑难问题等,帮助学生顺利完成任务。

在小组合作学习中,学生的角色定位至关重要。每个小组成员都应该明确自己的分工和职责,积极参与小组讨论。小组负责人需要发挥统筹协调的作用,合理安排任务分工,调动每个成员的积极性。同时,小组成员之间要学会倾听和尊重彼此的观点,通过平等对话和理性讨论达成共识。在这个过程中,学生不仅能够深化对知识的理解,还能提升思辨能力和价值判断力。

教师在小组合作学习中扮演着重要角色。教师不仅要精心设计学习任务,还要指导各小组的学习进程,及时发现和解决学习中遇到的困难。同时,教师还应该注重对小组合作学习的评价和反馈。评价不应局限于学习结果,而要关注学习过程,肯定学生的进步和努力。通过及时的反馈和鼓励,教师能够增强学生的自信心和学习动力,促使其不断进步。

小组合作学习的形式多种多样,可以灵活运用于思政理论课教学的各个环节。例如,教师可以组织专题研讨,引导学生围绕某一重要概念或原理展开深入探讨;教师可以设计问题情境,让学生分组扮演不同角色,在矛盾冲突中加深对理论的领悟；教师还可以开展小组项目学习，让学生合作完成一项综合性任务，在实践中检验和巩固所学知识。

(三)反馈与评价

在混合式教学法中，反馈与评价不仅是教学效果的重要检验手段，还是促进学生自主学习、提高教学质量的关键环节。在高校思想政治理论课教学中，科学、有效的反馈与评价不仅能够帮助教师及时了解学生的学习状况，有针对性地调整教学策略，还能激发学生的学习动机，培养其自我反思和自我完善的意识与能力。

从理论层面来看，建构主义学习理论为混合式教学中的反馈与评价提供了重要启示。建构主义认为，学习是学生在已有经验基础上主动建构知识的过程，教师的角色是为学生提供适宜的学习环境和必要的支持。在这个过程中，及时、有效的反馈与评价不仅能帮助学生认识自己的优势和不足，调整学习策略，更能引导其不断反思、深化对知识的理解，最终实现对知识的内化和迁移。因此，在混合式教学中，教师应高度重视反馈与评价环节，通过多元化的评价方式和精准化的反馈内容，为学生的知识建构提供必要的支持和引导。

从实践层面来看，混合式教学为实施多元、动态的反馈与评价提供了便利条件。得益于信息技术的支持，教师可以通过在线测试、讨论区互动、学习数据分析等方式，随时随地了解学生的学习进度和效果，并根据实际情况给予有针对性的反馈。同时，学生可以通过在线自测、同伴互评等方式，主动获取对自身学习的评价与反馈，及时调整学习策略。这种即时性、互动性的反馈模式不仅能够提高教学效率，更能激发学生的主动性和参与度，促进其自主学习能力的提升。

参考文献

[1]邵莉莉.新媒体环境下高校思想政治理论课教学方法创新研究[M].武汉:华中师范大学出版社,2022.

[2]罗永宽.新时代高校思想政治理论课建设研究:第一卷[M].武汉:武汉大学出版社,2022.

[3]王旭东.新时代高校思想政治理论课教学研究[M].哈尔滨:哈尔滨工程大学出版社,2023.

[4]孙苓,孙天罡,金明兰.高校思想政治理论课实践教学创新研究[M].北京:北京工业大学出版社,2021.

[5]朱汉辰.新时代高校思想政治理论课教学研究[M].延吉:延边大学出版社,2021.

[6]程旭惠.高校思想政治理论课教学方法的优化探索[M].北京:线装书局,2023.

[7]沈壮海,罗永宽.新时代高校思想政治理论课建设研究:2022[M].武汉:武汉大学出版社,2023.

[8]吕小亮.新时代高校思想政治理论课教学改革探索[M].上海:上海大学出版社,2020.

[9]陈丽萍.新时代高校思想政治理论课教学改革研究[M].湘潭:湘潭大学出版社,2021.

[10]吴恒.新媒体时代的高校思想政治理论课教学改革与创新[M].天津:天津人民出版社,2022.

[11]宋倩.新常态下高校思想理论课教学改革发展研究[M].长春:吉林大学出版社,2022.

[12]徐玉钦.新媒体时代高校思想政治教学模式研究[M].长春:北方妇女儿童出版社,2020.

[13]严昌莉.高校思政理论课教学实务研究[M].北京:北京工业大学出版社,2021.

[14]甘玲.践行渐悟:高校思政课实践教学的探索与实践[M].2版.秦皇岛:燕山大学出版社,2022.